사람 관계 수업

사람 관계 수업

개정증보판 1쇄 발행 2019년 11월 7일

지은이 남상훈

펴낸이 손은주 **편집주간** 이선화 **마케팅** 권순민
경영자문 권미숙 **디자인** erin **일러스트** 백서율

주소 서울시 마포구 망원로2길 19
문의전화 070-8835-1021(편집) **주문전화** 02-394-1027(마케팅)
팩스 02-394-1023
이메일 bookaltus@hanmail.net

발행처 (주) 도서출판 알투스
출판신고 2011년 10월 19일 제25100-2011-300호

ⓒ 남상훈, 2019
ISBN 979-11-86116-32-6 03320

이 도서의 국립중앙도서관 출판예정도서목록(CIP)은 서지정보유통지원시스템 홈페이지
(http://seoji.nl.go.kr)와 국가자료종합목록 구축시스템(http://kolis-net.nl.go.kr)에서
이용하실 수 있습니다. (CIP제어번호 : CIP2019040281)

사람 관계 수업

진짜 능력은 사람 관계 능력이다

남상훈 지음
빅토리아대학교 경영대학 교수

알투스

사람 관계도 수업이 필요하다

나는 대학에서 다양한 국적의 우수한 학생들을 30년 이상 지켜봐왔
다. 그 과정에서 우수한 학업 능력이 사회에 나가서 제 실력을 발휘하
고 행복하게 사는 데 결정적 영향을 미치는 요소는 아니라는 것을 알
수 있었다. 그 이유는 무엇일까. 경영학을 가르쳐오며 경영학의 관점에
서 그 이유를 찾아보는 노력을 계속해왔고, 결국 '사람 관계 능력'에서
이유를 찾을 수 있었다.

　많은 사람들이 오늘도 열심히 능력을 키우기 위해 노력하고 성공을
향해 달려간다. 그런데 문제는 어떤 능력을 얼마나 갖는가가 아니다.
진짜 문제는 자기 자신을 제대로 파악하고, 주변 인물을 이해하는 '사
람 관계 능력'을 얼마나 갖고 있느냐에 있다.

　스탠퍼드대학 출신의 공학도 그렉 제임스(Greg James). 그는 지도 교수
로부터 '보기 드물게 뛰어난 학생'이라는 극찬을 받으며 유명 기업인
썬 마이크로시스템즈(Sun Microsystems, Inc)에 입사한다. 학업에 이어 직장에
서도 자신의 전공 능력을 십분 발휘, '이달의 매니저'로 선발되는 등 승

승장구한다.

최고 경영진은 제임스에게 더 큰 책임을 맡겨 팀장으로 승진시킨다. 단순한 팀이 아니라 전 세계 고객사들을 대상으로 한 서비스를 책임 지는 핵심적인 팀이었다. 총 45명의 엔지니어로 구성된 그 팀은 미국, 인도, 프랑스, 두바이에서 선발된 인재들로 구성되었다. 전 세계에 퍼져 있는 주요 고객사들을 대상으로 '24시간, 완벽한 서비스'를 제공하는 것이 제임스 팀의 책무였다.

어느 날 한 고객사에서 급한 서비스 요청이 들어왔다. 은행 전산 시 스템에 고장이 났기 때문이다. 사실 기술적으로 어려운 문제는 아니었 는데 고장 신고를 받은 팀원이 효과적인 대응에 실패하면서 대형 사고 로 이어졌다. 일부 팀원들 사이에 잠재해 있던 미묘한 갈등이 소통상 의 문제로 비화됐기 때문이다. 기술력이 아닌 사람이 문제였던 것이다.

사고가 난 후의 상황은 더 가관이었다. 한마음으로 대처해도 쉽지 않은 상황에서 팀원들은 서로 상대방에게 비난의 화살들을 날리면서 갈등을 더 증폭시켰다. 고객사는 손해 배상 소송을 하겠다며 위협을 했고, 제임스의 상사인 부사장은 서로를 탓하며 문제 해결에 실패한 팀에 진노하며 제임스를 질책했다. 탄탄대로를 달리던 명문대 출신 엔지니어의 성공적인 커리어에 비상등이 켜지는 순간이었다. 엔지니어링 실력이 출중해도 사람 다루는 법을 모르면 경영에서는 실패할 수밖에 없다는 점을 제임스는 미처 깨닫지 못하고 있었다. 제임스뿐만이 아니다. 내가 만난 직장인들도 그와 별반 다르지 않았다.

　나는 종종 "경영학에서도 사람을 다루나요?"라는 질문을 받는다. 맨 처음 이 질문을 받았을 때는 흥미로우면서도 몹시 당황스러웠다. 답이 어려워서가 아니라 너무나 당연한 것을 물어보았기 때문이다. 경영의 핵심은 사람이 아닌가. 이 책은 그 질문에 대한 답이다.

　사실 경영 일선에 있으면서도 사람이 진짜 중요하다는 것을 깨닫는 것은 제법 연륜이 쌓인 후라야 가능하다. 경영 현장에 수십 년 넘게 있었던 분들과 만나 대화를 나누다 보면 자주 듣는 표현이 '결국 사람이더라'라는 말이다. 그런데 이런 깨달음은 쉽게 오지 않는다. '물고기 눈에는 물이 보이지 않는다'는 노자의 말처럼, 물 밖으로 끌려 나와야 비로소 물이 보이게 되는 것이다. 마찬가지로 '왜 사람이 힘든가?'라는 경험을 하고 난 다음에야 '사람'이 보이기 시작한다.

한 가지 예만 더 들어보자. 우리에게도 많이 알려져 있는 여성 란제리 브랜드 빅토리아 시크릿을 비롯해서 유명 브랜드를 다수 소유하고 있는 미국의 억만장자 렉스 웩스너(Lex Wexner). 영업의 귀재인 그도 난관에 직면한 적이 있다. 그는 이를 극복하려고 영업에 더욱 힘을 기울였지만 실적은 계속 떨어졌다. 결국 자신의 힘만으로는 역부족이라는 사실을 깨닫고는 자신보다 경험이 많은 멘토를 찾아간다. GE의 회장 잭 웰치(John Frances Welch Jr)와 영화감독 스티븐 스필버그(Steven Spielberg)였다.

전혀 다른 분야의 거장들은 이구동성으로 '사람이 중요하다'라고 조언한다. 그들은 대부분의 시간을 '탁월한 인재들을 발견하고, 개발하고, 그들이 자신의 역량을 최대한 발휘할 수 있는 여건을 만드는 것'에 쓴다고 말했다. 웩스너는 충격을 받았다. 제품 선택과 영업 활동에 모든 시간을 쓰는 자신과는 너무나 대조적이었기 때문이다.

정신이 번쩍 든 웩스너는 그 즉시 자신의 경영 패러다임을 바꾼다. 하버드대학 경영대 교수를 영입해서 인재 관리 제도를 새로 만들고, 사내 직원들의 역량을 발굴하는 데 매진하면서 루이비통과 펩시 등 유명 기업에서 인재들을 과감하게 스카우트해 새로운 피를 수혈 받는다. 책임자급 임직원의 3분의 1이 교체되는 혁신적인 변화 후, 비로소 회사가 다시 살아나기 시작했다.

　　엔지니어로 성공했던 제임스. 그는 경영자로도 성공할 수 있을까? 이는 제임스만의 문제가 아니라 사실 많은 직장인들의 도전이기도 하다. 커리어 혹은 경영의 성공에 숨어 있는 코드는 '사람'이다. 전공 지식만으로는 부족하다. 사람에 관한 지식이 있어야 한다. 웩스너가 멘토들의 도움을 받아 사람의 중요성을 깨닫고 위기를 기회로 바꿨듯이, 독자 여러분들도 이 책을 통해 사람에 대한 공부가 그 무엇보다 중요함을 알고 깊이 있게 공부하는 계기가 되길 바란다.
　　사람에 대한 공부는 나 자신 그리고 주변 사람들에 대한 공부로 귀결된다. 나를 제대로 파악하고 내 주변 사람들을 이해하는 것이야말로 사람 공부의 궁극적인 목적이라고 할 수 있다. 내가 나를 아는 일 그리고 가장 가까이에 있는 이들을 이해하는 일. 세상에 이보다 더 의미 있고 흥미롭고 또 절박한 공부가 있을까?

2019년 10월, 캐나다 빅토리아에서

남상훈

1장
당신이 행복할 수 없는 이유

영화 〈사운드 오브 뮤직〉 속 '마리아'는 수녀가 되고 싶었다.
하지만 그녀의 '성격'은 수녀보다 가정교사의 삶에 더 적합했다.
사람은 자신에게 잘 맞는 일이 무엇이고
자신에게 잘 맞는 사람이 누구인지 모르는 경우가 많다.

마리아는 수녀가 되고 싶어서 된것이다.

"난 자연이 좋아.
아, 근데 어디서 음악 소리가?"

"아, 수녀원이구나."

수녀들의 모습을 멀리서
본 어린 마리아

"아, 나도 수녀가
되고 싶다."

"드디어
나도 수녀가 되었어."

"규율을 지켜야 해.
그렇게 뛰어다니면
안 돼!"

"마리아,
너 성경 공부 시간에
또 지각을…."

"정말 죄송합니다.
다시는…."

"도대체
몇 번째야!"

마리아의 뉘우침은
진심이었다.

"원장 수녀님, 마리아는
도저히 안되겠어요.
나쁜 아이예요."

"고귀한 품성을
지닌 아이랍니다."

해군장교의 집 가정교사로
너무나 행복한 마리아

도 레 미 파~

수녀가 되고 싶었던 건
마리아의 진짜 꿈이 아니었던 것이다.

사람은
자신이 진짜 원하는 것이
무엇인지 아는 것이
가장 중요하다.

천재 농구 스타는
왜 홈리스가
되었을까?

신장 211cm.
70년대 농구 명문
라스베이거스 주립대를
대학 정상으로 올린
천재 농구 선수
루이스 브라운.

그러나 그의 화려한 실적은
오래가지 못했다.

만화로 보는 〈사람 관계 수업〉
천재 농구 스타는 왜 홈리스가 되었을까?

코치와의 갈등

동료들에 대한 무례함

주유소

말년에 정신 차린 그는 주유소에서 일하며
교회에 다니고 있다.

늙은 루이스

재능보다 성격이라는 걸
깨달았을 땐 홈리스가 되어 있었다.

감정을 효과적으로
관리할 줄 아는 능력
그것이 진정한 능력이다.

원하는 대로 되어도 왜 행복하지 못할까

어릴 때부터 수녀가 되고 싶었던 마리아에게는 남다른 구석이 있었다. 자연을 사랑하고 성격이 활달했던 마리아는 화창한 날이면 근처 산에 올랐다. 산에 오르면 모든 것이 아름다웠다. 멀리 내려다보이는 평화로운 마을, 탁 트인 파란 하늘, 서두르지 않고 천천히 여유롭게 흐르는 하얀 구름들, 졸졸 흐르는 시냇물 소리, 싱그러운 나무와 뺨을 어루만지듯 스쳐가는 바람의 촉감, 지저귀는 새들……. 오직 자연만이 줄 수 있는 아름다움에 흠뻑 빠져 마리아는 혼자 춤을 추기도 하고, 노래를 부르기도 하면서 시간 가는 줄 모르곤 했다.

그런데 어린 마리아를 매료시킨 것은 자연의 아름다움뿐만이 아니었다. 하나가 더 있었다. 바로 산 아래 수녀원이었다. 수녀원 특유의 엄숙하면서도 경건한 분위기, 담을 넘어 은은하게 울려 퍼지는 성가 합창의 아름다운 선율, 수녀들의 단정한 모습을 보면서 어른이 되면 수녀가 되고 싶다는 꿈을 자연스럽게 마음 한구석에 담아두었다. 혹 외롭고 어려운 길이 된다 하더라도 가정을 꾸려 얻을 수 있는 행복을 포기하고 수녀가 되어 성직의 길을 가는 것이 자신을 향한 신의 부르심에 응답하는 것이라고 굳게 믿었다.

성년이 되어서도 마리아의 생각은 변하지 않았다. 드디어 그녀의 바람대로 수녀원 생활이 시작되었다. 처음에는 다행히 모든 일이 그녀의 믿음대로 하나둘씩 실현되어가는 듯했다. 비록 견습수녀 신분이기는 했지만 오랫동안 막연하게 동경해오던 수녀원 안에 들어가서 다른 수녀들과 같이 생활하게 된 마리아에게는 기대가 많았다. 정식 수녀가 되기까지 가야 할 길은 멀었지만 마리아는 어떤 어려움도 다 극복하고 수녀가 되겠다는 의욕이 넘쳤다.

그러나 세상 일이 늘 계획한 대로 흘러가는 것은 아니다. 뜻밖에 마리아는 수녀원 안에서 많은 문제를 일으키는 존재가 되어갔다. 모범생은커녕 점점 골칫덩어리이자 문제아로 인식되어갔던 것이다. 이유는 단순했다. 마리아가 수녀원의 엄격한 규율들을 자꾸 어겼기 때문이다. 예를 들어 마리아는 미사 시간에 종종 지각을 했고(식사 시간에는 늦는 법이 없으면서), 아무에게도 얘기하지 않고 훌쩍 수녀원에서 사라져 사람들이 찾아나서게 만들었고, 엄격한 복장 규율을 은근히 지키지 않았으며, 경건한 수녀원 안에서 노래를 흥얼거리며 다녔다.

수녀원은 세상 어느 조직보다 규율과 전통이 엄격하고 이를 제대로 지키는 것을 대단히 중시하는 곳이다. 그런데 정식으로 수녀가 될 자격을 갖추었는지 시험을 받고 있는 견습수녀가 이런 규율들을 상습적으로 어긴다면 이는 쉽게 간과될 수 없는 문제였다. 규율을 어기는 마리아도 문제였지만, 그런 마리아를 그냥 내버려둔다면 다른 견습수녀들에게 나쁜 선례가 될 뿐 아니라, 형평성에도 문제가 생기기 때문이었다.

원장 수녀님과 주임 수녀님들은 마리아를 타이르기도 하고 때로는 따끔하게 벌을 주기도 하면서 갖가지 노력을 기울였지만 효과는 신통치 않았다. 물론 마리아가 일부러 말을 듣지 않거나 반항하려고 해서 그런 것은 아니었다. 마리아는 윗사람들로부터 지적을 받고 야단을 맞을 때마다 곧바로 뉘우쳤고, 또 그녀의 뉘우침은 진심이었다. 마음속 깊이 우러난 반성을 했고, 노력하겠다는 다짐도 했다. 하지만 행동의 변화는 잠시뿐, 시간이 지나면 마리아의 자유분방한 모습은 반복되었다.

마리아를 바라보는 원로 수녀들의 시각은 엇갈렸다. 그중에서도 견습수녀들의 훈육을 맡은 수녀는 마리아가 영 못마땅했다. 심지어 마리아를 '악마'라고까지 불렀다. 아마도 그녀의 눈에는 마리아의 자유분방한 행동들이 수녀원의 성스러운 전통과 관습을 근본부터 흔드는 심각한 위협으로 여겨졌기 때문이었을 것이다. 반면 어떤 수녀는 규율에 얽매이지 않는 자유로운 마리아의 모습에서 아이들의 천진하고 순수한 면을 보면서 '천사'라고 부르기도 했다. 물론 사람이 사람을 판단하는 것은 지극히 주관적인 일이다. 하지만 한 수녀원에서 견습수녀 한 명을 두고 누구는 악마라고 하고, 다른 누구는 천사라고 하는 식으로 상극의 평가를 내리는 것은 상당히 이례적인 일이었다. 그런데 마리아를 악마로 보든 천사로 보든, 그녀를 잘 아는 수녀들 사이에 공통적인 결론은 있었다. 그것은 바로 마리아가 '수녀원에 도움이 안 되는 존재'라는 점이었다.

누구나 '마리아와 같은 문제'에 빠질 수 있다

마리아를 과연 어떻게 해야 할 것인가? 이는 수녀원을 이끌어가는 리더로서 원장 수녀의 마음 한구석을 차지한 심각한 질문이자 고민이었다. 아무리 고민을 거듭해도, 조직 안에서 사람 문제가 늘 그러하듯 명쾌한 답은 없어 보였다. 물론 이런 경우에 대大를 위해 소小를 희생해야 한다는 명분을 내세워 '수녀원과 다른 견습수녀들을 보호하기 위해서 문제아인 마리아를 희생시키는 수밖에 없다'라고 결정내릴 수도 있다. 하지만 이는 당장의 해결안은 될지 몰라도 온전한 해결이라고 하기는 어려웠다.

수녀원의 전통과 규율도 중요하지만 마리아는 제 나름대로 자신의 신앙을 지키기 위해서 세속의 생활을 포기하겠다는 결심으로 수녀원에 들어온 것이다. 이제 막 첫발을 내디딘 어린 마리아를 그냥 내치기보다는 사랑으로 품고 보살펴줘야 하는 것이 원장 수녀의 의무이기도 했다. 어떤 의미에서는 수녀원의 전통을 지키는 것보다 오히려 약자의 입장에 있는 마리아가 마음에 상처를 받지 않도록 더 조심스럽게 배려하는 일이 더욱 중요했다. 그렇다고 마리아를 강하게 반대하는 일부 수녀들의 불만을 무시한 채 가만히 있을 수만도 없었다. 원장 수녀에게는 마리아 개인도 살리면서 조직인 수녀원도 같이 살릴 수 있는 해결 방법이 필요했다.

'마리아와 같은 문제(problem like Maria)'는 수녀원에서만 나타나는 현상
이 아니다. 오늘날 우리의 주변에서도 어렵지 않게 발견할 수 있는 문
제들이다. 기업체, 정부기관, 연구소, 병원, 대학 등 많은 사람이 모여서
일하는 곳에는 언제나 '마리아와 같은 문제'가 있기 마련이다. 능력이
없는 것도 아니고 근본적으로 심성이 나쁜 것도 아닌데 자신이 속한
부서에서 골칫거리가 되거나 능력을 제대로 발휘하지 못하는 사람들
이 종종 있다. 이럴 때 상사나 동료들이 문제가 되는 사람을 바꾸려고
노력을 하는 경우가 대부분이다. 그러나 이러한 노력이 성공을 거두는
경우는 드물다. 왜 그럴까?

내가 내 문제를 해결하든 다른 사람의 문제를 해결해주든 사람과
관련된 문제를 현명하게 해결하기 위해서는 무엇보다 그 사람의 특성
에 대한 깊은 이해와 정확한 통찰력이 있어야 한다. 그러나 의외로 사
람에 대해서 제대로 알고 있는 경우는 드물다. 이러한 상태에서 그 사
람에 대해 막연하게 알고 있는 몇 가지 특성만으로 그를 다루려고 한
다면 문제는 생길 수밖에 없다.

사람 관계 수업

사람 관계 공부부터 해야
무슨 일이든 잘할 수 있다

"사람이란 살고자 하는 존재들에 둘러싸여 살고자 하는 존재다." 알베르트 슈바이처(Albert Schweitzer)의 말이다. 그는 독일에서 촉망받는 젊은 신학자이자 철학자, 대학교수, 목사인 동시에 파이프오르간 연주자로서도 명성을 얻고 있었다. 그런데 그는 자신이 유럽에서 누릴 수 있었던 것들을 모조리 뒤로하고 아프리카로 건너갔다. 목사나 신학자로 설교를 하러 간 것이 아니라, 의사로서 아프리카의 아픈 사람들을 보살펴주기 위함이었다.

슈바이처는 늘 다른 사람들을 돕고 싶어 했다. 강의와 설교보다 더 '직접적'인 방법으로 돕고 싶어 했다. 그러나 그 직접적인 도움이라는 것이 무엇인지는 분명히 떠오르지 않았다.

그러던 어느 날 슈바이처는 우연히 잡지를 읽게 된다. 잡지에는 아프리카에서 의사로 봉사할 사람을 찾는 공고가 실려 있었다. 슈바이처는 공고를 보는 순간 이것이야말로 오랫동안 찾아오던 바로 그 일이라고 생각한다. 그러고는 이 생각을 실천하기 위해 비교적 늦은 나이에 의대에 진학한다. 자신이 철학과 교수로 재직하고 있던 대학교의 의과

대학이었다. 거기서 의사로서의 모든 수련을 마치고 정식 의사가 된 슈바이처는 계획대로 아프리카로 건너가서 의료봉사 활동을 펼친다. 그는 자신의 모든 부귀와 명성을 뒤로한 채 오지의 땅으로 건너가는 위험을 감수한다. 그곳에서 몸소 인류애를 실천한 슈바이처의 애타적인 행위는 전세계 많은 사람에게 큰 귀감이 되었고, 그 공로로 노벨평화상을 수상하게 된다.

사람은 함께 살 수밖에 없는 존재다

슈바이처는 아프리카에서 봉사를 하면서도 늘 마음 한구석에 '사람은 과연 어떤 존재인가?'라는 근원적인 질문을 품고 있었다. 이는 그가 철학이나 신학을 공부하면서 답을 구하고자 했던 질문이기도 했다. 사색을 거듭하던 어느 날 불현듯 자신의 질문에 대한 답이 영감처럼 떠올랐다. 해가 뉘엿뉘엿 저물 무렵 배를 타고 강을 따라 내려오던 중이었다. 그때 그가 강 위에서 깨달은 것이 바로 '사람이란 살고자 하는 존재들 사이에 둘러싸여 살고자 하는 존재'라는 것이었다. 이때 받은 영감을 바탕으로 그는 후에 '생의 외경畏敬'이라는 자신의 철학을 펼치게 된다.

슈바이처 박사의 이러한 깨달음 속에는 사람이라는 존재의 핵심적인 특성이 잘 담겨 있다. 그 특징은 첫째, 사람은 욕구의 존재라는 점이다. 욕구의 핵심은 살고자 함이다. 누구나 행복을 추구하는 존재라는 뜻일 것이다. 풍요로운 환경에서 지내는 유럽인이건 척박한 환경 속에 있는 아프리카인이건 살고자 하는 욕구에는 차이가 없다는 것이 그의 관찰이었다. 둘째, 사람은 둘러싸여, 즉 같이 살 수밖에 없는 '사회적 동물'이라는 점이다. 이는 사회심리학의 기본 명제이기도 하다. 우리도 어렸을 때부터 한자로 사람 인人 자가 두 사람이 서로 기대어 있는 모습이라고 배웠다. 이는 사람이란 더불어 사는 존재라는 것이다.

사람은 목표 지향적인 존재다

사람은 목표를 세워놓고 그 목표를 성취하기 위해 노력한다. 반면 동물은 삶의 목표가 없다. 그저 하루하루 살아간다. 세대가 바뀌어도 사는 모습은 늘 똑같다. 그러나 사람은 다르다. 이전보다 더 나은 세상을 만들고자 늘 노력한다.

본질적으로 인류는 진보했는가를 두고 의견은 분분하겠지만, 외양으로 본다면 우리 삶은 계속 나아지고 있다고 믿는다. 개인적인 삶에서의 목표, 조직 내에서의 자기 성취 등 목표는 처한 환경과 입장에 따라 제각각이다. 다만 무슨 일을 하고 있든지 현재보다는 더 나은 존재가 되고자 하는 욕구는 보편적이다. 그 욕구를 충족하려고 계획도 세우고 고통도 감수한다.

누구나 부러워하는 환경과 지위를 갖춘 사람들도 부단히 새로운 목표를 세우고 매진한다. 자신이 도달하고자 하는 목표와 현재 위치 사이의 간극을 좁히기 위해서다. 하나의 목표를 달성하면 또다시 새로운 목표를 설정한다. 인간에게 목표는 희망과도 같다. 희망과 꿈이 없는 삶을 견디기 어렵듯이 목표는 삶을 지탱하는 요건 중 하나다.

사람은 자기파괴적인 존재다

사람은 복잡한 존재다. 악착같이 살고자 하는 존재인 동시에 '자기파괴적(self-destructive)'인 존재이기도 하다. 영화 〈터미네이터 2〉에는 미래에서 온 터미네이터가 자신이 보호해야 하는 소년 존 코너와 함께 타고 가던 차가 고장이 나서 잠시 멈춰 선 장면이 나온다. 그때 그들은 아이들이 총으로 서로를 겨누면서 노는 모습을 보게 된다. 위험한 장난을 하면서 노는 아이들의 모습을 보고 존 코너가 묻는다. "사람들이 이대로 괜찮을 것 같아?" 그러자 터미네이터가 이렇게 답한다. "사람들은 자기파괴적인 존재들이다." 영화 속 대사지만 우리가 간과하고 있는 인간의 특성을 지적한 날카로운 관찰이다.

사람들이 자기파괴적 행동을 보이는 원인은 여러 가지가 있다. 그 중 하나가 스트레스다. 대개의 사람들은 업무나 일상생활에서 과도한 스트레스를 받으면 우울한 느낌이 심해지면서 자기파괴적인 행동들을 하게 된다. 자신이 못나고 무기력한 존재라는 생각이 들면서 스스로를 비하하고 비판한다. 과식이나 과음 같은 좋지 않은 습관으로 심리적 고통에 대한 보상을 얻고자 한다. 운동을 하지 않는 것은 물론이고, 잠도 과도하게 자고 식사도 거르는 등 건강을 돌보지 않는다. 대인관계에서도 자신은 사람들의 관심이나 사랑을 받을 가치가 없다고 생각해 사람들과의 접촉을 피해 자기만의 농굴 속으로 들어간다. 이런 때일

수록 다른 사람과 대화하고 그들의 도움을 얻어야 하나, 오히려 죄책
감이나 수치심 때문에 사람을 멀리하고 혼자 있으려고 한다. 자기파괴
적 성향이 심해지면 차라리 죽는 게 더 낫겠다는 자살 충동까지 느끼
기도 한다. 이렇듯 사람은 어떤 순간에는 살아남고자 악착같이 애쓰는
반면, 다른 한편으로는 자신을 가차 없이 파괴하는 두 가지 극단적 측
면을 동시에 갖고 있다.

사람은 합리적 존재가 아닌 '합리화'하는 존재다

사람은 계산적인 존재다. 다른 표현으로 합리적인 존재라고도 한다.
경제학에서는 사람을 합리적인 존재라고 전제한다. 득실을 따져 자신
에게 가장 득이 되는 것을 선택한다고 가정한다. 실제로 우리는 물건
을 구매할 때나 다른 사람과의 관계에서 나에게 손해가 되지 않는 선
택을 하기 위해 머릿속에서 분주하게 주판알을 튕긴다.

'합리적'이라는 것은 여러 가지 옵션 중에서 '최선'을 선택한다는 것
이다. 그러나 현실적으로 무엇이 최선인지 명확히 정의내리기는 어렵
다. 최선의 선택을 하려면 모든 옵션에 대한 완벽한 정보가 있어야 하
고 그 정보를 완전히 해석할 수 있는 능력을 갖추어야 한다. 그런데 얻
을 수 있는 정보는 제한적이다. 주어진 정보들을 처리하는 뇌의 능력
또한 제한적이다.

이처럼 합리적인 존재가 되는 것이 현실적으로 불가능함에도 불구
하고 우리는 끊임없이 합리적 존재가 되고 싶어 한다. 그러니 합리적으

로 행동하고 결정하기보다는 자신을 '합리화(rationalization)'할 때가 더 많다. 사람이 정말 '합리적인 존재'인지, 아니면 '합리화하는 존재'인지 구분하는 것은 대단히 중요한 일이다. 이에 관해서는 의사결정 행동에 대해 이야기할 때 보다 깊이 있게 논의하도록 하겠다.

계산적인 존재란 곧 이기적인 존재를 의미한다. 자신에게 가장 좋은 것을 취하려는 것이 바로 이기심이다. 집단주의 성향이 강한 우리 문화에서는 이기적이라고 하면 무조건 나쁜 것으로 생각하는 경향이 있다. 그러나 이기적이지 않은 사람이 없다는 점을 감안할 때, 마치 자신은 그렇지 않다는 듯이 상대방을 이기적이라고 비난하는 것은 위선적인 행동이다. 물론 범죄 등 다른 사람들에게 해를 끼치는 이기적인 행동들도 있다. 이러한 행동들은 비난과 제재를 받아야 마땅하겠지만, 일반 사람들의 이기적인 행동은 다른 사람에게 해가 되지 않는 것들이 대부분이다.

직장인이 회사를 다니는 것은 회사가 자신의 욕구를 충족시켜줄 수 있다고 믿기 때문이다. 마찬가지로 회사가 직원들을 채용하고 월급을 주는 것 역시 그 직원을 통해서 회사의 욕구를 채울 수 있다고 판단하기 때문이다. 이처럼 직장생활이란, 회사의 이기심과 직원의 이기심이 서로 보완이 될 때 성립된다. 상사와 부하직원 사이의 관계도 마찬가지다. 상사가 부하직원이 원하는 것을 제공할 능력이 있고, 부하직원도 상사가 원하는 것을 해줄 수 있을 때 두 사람의 관계가 유지된다. 상사는 자신을 포함해서 사람이란 근본적으로 이기적인 존재라는 것을 이해해야 한다.

사람들은 대개 리더와 부하직원 사이의 관계를 '상하관계'로 보는 경향이 있다. 그러나 이 관계는 근본적으로 상호간에 원하는 것들을 주고받는 '거래적(transactional) 관계'다. 리더는 임금, 승진, 칭찬 등 부하직원이 원하는 것을 제공해야 하고, 반대로 부하직원은 리더가 원하는 업무성과를 내줘야 한다. 이 두 가지가 효과적으로 교환될 때 회사와 개인은 각각 원하는 목적을 이룰 수 있다.

따라서 사람을 잘 다루려면 부하직원들의 이기적인 욕구를 무시할 것이 아니라 무엇을 원하는지 잘 파악해서 효과적으로 채워줄 수 있는 능력을 갖추어야 한다. 또 지시와 이행이라는 수직적 상하관계로만 볼 것이 아니라, 서로 주고받을 게 있는 거래적 관계임을 인정하고 부하직원을 존중해야 한다. 서로 존중할 때에만 시너지를 창출할 수 있는 유기적인 협력이 가능하기 때문이다.

사람은 감정적 동물이다

한때 미국에서 큰 인기를 모았던 공상과학 드라마 〈스타 트렉〉에는 다른 행성에 사는, 사람을 닮은 생명체들이 나온다. 이들은 지구인과 함께 팀을 이루어 일하기도 한다. 여기 나오는 외계인 중에서 가장 많이 알려진 캐릭터가 '스팍'이라는 인물일 것이다. 그는 벌칸 행성 출신이다. 그가 지구인과 가장 근본적으로 다른 점은 감정이 없다는 점이다. 역설적으로 보자면 사람을 사람답게 만드는 것이 바로 '감정'일 것이다.

사람은 감정적인 존재다. 사람들은 대개 감정을 논리보다 앞세운다. 그 예로 분노를 들어보자. 도로가 복잡하고 교통질서가 엉망인 상황에서 격한 분노를 느끼는 운전자들이 있다. 평상시에는 지적이고 합리적인 사람이 운전을 하다가 갑자기 야수처럼 변하는 경우도 있다. 분노를 이기지 못해 길 한가운데 차를 세워놓고 자신을 위협한 다른 운전자를 찾아가 욕설을 퍼붓거나, 심하면 폭력을 쓰기도 한다. 이런 현상을 '도로 분노(road rage)'라고 표현한다.

우리는 감정이 행동에 지대한 영향을 미친다는 것을 경험적으로 잘 안다. 그런데 경영학과 경제학에서는 최근에 와서야 감정을 본격적인 연구 주제로 다루기 시작했다. 이는 감정이라는 '변수'를 과학적으로 정의하고 측정하기 어렵기 때문이기도 하지만, 보다 근본적으로는 영리 추구를 목적으로 하는 기업 활동은 감정이 아니라 이해득실을 꼼꼼하게 따지는 이성적 사고와 행동을 바탕으로 한다는 이론적 전제가 깔려 있었기 때문이다.

그러나 회사 내에서 사람들이 실제로 하는 행동들을 주의 깊게 관찰해보면 상당 부분이 감정에 영향을 받는다는 것을 알 수 있다. 그러므로 성공적인 리더가 되기 위해서는 이성적인 능력뿐 아니라 원만한 대인관계와 커뮤니케이션 능력, 자신과 상대방의 감정을 조절하고 통제하는 능력 또한 뛰어나야 한다는 주장이 설득력을 얻게 되었고 경영학에서도 감정에 대한 연구가 활발하게 이어지고 있다.

그중에서도 분노는 조직생활 중에 워낙 빈번하게 경험하는 부정적인 감정이기 때문에 경영학에서 가장 많이 연구된 감정 중 하나다. 직장인들이 분노를 느끼는 가장 주된 요인은 바로 자신들의 '상사'다. 그 외에도 인수합병, 부서 통폐합, 감축, 조직개편 등 조직 안에 변화가 발생할 때도 직원들은 분노를 경험한다. 이러한 분노는 정보처리 능력을 떨어뜨려 합리적인 의사결정을 방해한다. 또한 자신이 처한 상황이 '불공평하게 보이도록' 만들고, 그러한 상황이 생기게 된 '책임을 다른 사람에게 돌리게' 하고 자신의 상사와 회사에 대한 '신뢰를 저하'시키며, 때에 따라서는 '회사를 떠나게' 만들기도 한다. 더 나아가서는 삶 자체를 망치기도 한다.

라스베이거스주립대학교의 농구선수로 한때 '농구 천재'로 알려졌던 루이스 브라운도 감정을 조절하지 못해 코치와 갈등을 자주 일으키다 결국 선수생활을 마감했다. 이후 줄곧 나락의 길을 걷다가 쉰이 넘은 나이에 교차로에서 신호 대기중인 자동차 앞유리를 닦아주고 몇 푼 받으며 살아가고 있다고 한다(《뉴욕타임스》 2011년 5월 19일자). 만약 그가 감정 조절만 잘했더라면 자신의 능력을 십분 발휘해 훗날 유명한 프로 농구선수로 성공적인 커리어를 쌓지 않았을까.

인간이라면 누구나 감정에 휘둘린 행동을 한 후 후회한 적이 있을 것이다. 특정 상황에서 순간적으로 감정을 조절하지 못해 대인관계를 망치거나, 돌이킬 수 없는 손해를 입는 경우도 많다. 이는 개인들 간의 문제만은 아니다. 조직 내에서는 더 그렇다. 특히 리더들은 많은 사람

들을 대하는 입장에 있으므로 자신의 감정을 효과적으로 관리할 줄
아는 능력을 갖추는 것이 중요하다.

가까이 있는 사람을
이해하는 것부터 시작하라

'사람이란 무엇인가'에 대해 논하면서 빼놓을 수 없는 것이 바로 지적 능력을 측정하는 지수인 아이큐(IQ)다. 아이큐는 전세계적으로 보편화된 지수로 학업 성취도와 가장 관련이 깊다. 그렇다면 직장생활에는 얼마나 영향을 미칠까? 아이큐가 높은 사람이 직장생활에서도 성공할까? 그렇지는 않다. 그동안의 연구 결과에 따르면 지적 능력보다는 감정을 잘 다룰 줄 아는 능력이 커리어 성공에 더 중요한 변수다. '감성 지능(emotional intelligence)'이라고 하는 이 능력은 아이큐에 빗대어 'EQ'라고 통칭되며 인재 선발 요건 중 하나가 되고 있다. EQ는 네 가지의 단계별 능력으로 구분된다.

첫 번째는 '자가인지(self-awareness)' 능력이다. 한마디로 자기 감정을 얼마나 있는 그대로 솔직하게 잘 알고 있는지 여부다. 나의 행동이나 태도가 다른 사람에게 어떠한 감정적 반응을 일으키는지 아는 능력도 여기 포함된다. 어떤 이들은 분노, 미움, 수치, 복수심 등 부정적인 감정들은 무의식적으로 외면하거나 무시하다 보니 자신의 감정을 제대로 모르는 경우가 많다. 또 감정을 있는 그대로 표현하면 '미숙함'을 드러내는 것이라고 믿어 감정을 억누르다보니 자신의 진짜 감정이 어떤 것인지 잘 모르는 경우가 많다.

두 번째는 다른 사람에게 '공감(social empathy)'하는 능력이다. 상대방도 잘 모르거나 표현하지 못하는 감정 상태를 민감하게 읽어낼 수 있는 능력이다. 상대의 스트레스를 풀어줄 수 있는 효과적인 방법이 바로 이 두 번째 능력을 이용하는 것이다. 예를 들어 상대방이 분노와 미움을 표출할 때 비판하거나 편견을 갖지 않고 그 사람의 이야기 속 깊은 곳에 담긴 감정을 인지하고 공감을 해줄 때 마음의 상처가 치유되기도 한다.

세 번째는 자신의 감정을 다스림으로써 '스스로 동기부여(self-motivation)'하는 능력이다. 일이 잘 안 될 때 분노를 표출하며 남 탓을 하면서 자신이 해야 할 일을 제대로 하지 않는 사람들이 많다. 반면에 어떤 사람들은 어렵고 부당한 상황에서도 자기 감정을 절제하면서 해야 할 일을 꿋꿋하게 해내 놀라운 성과를 내기도 한다. 대개의 선구자는 이런 사람들이다.

마지막 단계는 상대방의 감정을 조절할 수 있는 '사회성 기술(social skill)'이다. 예를 들어 부정적인 감정에 휩쓸려 자신감을 잃고 낙담한 부하직원이 그 감정에서 벗어나 다시 의욕을 내 일을 잘할 수 있도록 도와줄 수 있는 리더는 가장 높은 단계의 EQ를 가진 사람이다.

사람의 성격은 타고나는 것일까

사람의 성격은 선천적으로 타고나는 걸까, 아니면 후천적으로 만들어지는 걸까? '선천이냐 후천이냐(Nature vs. Nurture)'라는 문제는 심리학에서 가장 근본적인 논쟁 중 하나다. 그런데 이 질문을 실증적으로 연구하기란 쉽지 않다. 특별한 종류의 연구 대상이 있어야 한다. 타고난 유전자는 거의 비슷하면서 자라난 환경은 다른 일란성 쌍둥이처럼 말이다. 이들의 행동과 성격을 비교해보면 성격의 결정 요인이 염색체인지 환경인지 알 수 있기 때문이다. 이에 관해 미국 미네소타대학교 연구팀은 상당히 흥미로운 결과를 발견했다. 소위 '짐 쌍둥이'라고 알려진 이들이 출생 직후 각각 다른 가정에 입양되었다가 39세가 되었을 때 우연히 다시 만나게 되었다. 그런데 이들에게서 소름이 끼칠 정도로 비슷한 점들이 여럿 발견되었다.

· 두 사람 다 이혼을 하고 재혼을 했다. 두 사람의 이혼한 전 부인의 이름은 '린다', 재혼한 현재 부인의 이름은 '베티'로 똑같았다.

· 한 사람은 첫아들의 이름을 제임스 앨런(James Alan), 또 한 사람은 발음은 같으면서 철자에 'l' 자 하나가 더 붙은 제임스 앨런(James Allan)으로 지었다.

· 두 사람 모두 애완견을 길렀다. 그리고 개 이름을 똑같이 '토이'라고 지었다.

· 두 사람 모두 철자법에는 약하고 수학은 잘했다.

· 두 사람 모두 약간의 경찰 훈련을 받았고 오하이오주에서 부보안관으로 일한 경력이 있다.

· 두 사람 모두 목수로 일한 경력이 있다.

· 두 사람 모두 18세에 두통을 앓기 시작했으며 동시에 4.5킬로그램씩 체중이 늘었다.
  키도 둘이 똑같이 180센티미터에 체중도 역시 똑같이 82킬로그램이었다.

비록 하나의 사례이긴 하지만 이 두 사람 사이의 놀라운 유사점들은 환경보다는 염색체가 사람의 성격과 행동에 직접적인 영향을 준다는 결론을 가능케 했다. 그 후로 이어진 연구를 통해 학자들은 사람의 성격 중 50퍼센트는 타고나는 것이며, 나머지 50퍼센트는 후천적으로 형성된다고 주장했다.

많은 사람이 자신의 행동이 타고난 것이라기보다 주어진 환경에 의해 결정되었다고 믿지만 실제로는 그렇지 않다. 성격에 의해서 나타나는 행동 중 절반은 부모로부터 물려받은 유전자에 의해서 결정되기 때문에 변화가 거의 불가능하다. 후천적으로 체득된 나머지 절반도 이론적으로는 변화가 가능하지만 실제로 변화를 일으키려면 생각보다 훨씬 많은 시간과 노력이 필요하다. 자신의 성격이 마음에 들지 않는다고 해도 막상 고치기는 힘든 것과 같다. 하물며 내가 아닌 다른 사람의 성격을 고친다는 것은 더 어려운 일이다. 아무리 힘이 있는 상사라 해도 부하직원의 성격과 행동을 자신이 원하는 대로 바꾸기란 불가능에 가까운 일이다. 이는 어떤 관계에서도 마찬가지다. 사람은 쉽게 변하는 존재가 아니기 때문이다.

사람을 조종할 수 있는 매뉴얼은 없다

사람은 결코 한두 가지 특징으로 규정할 수 없다. 여러 가지 측면들이 내재해 있으며, 상충하는 것들도 존재한다. 살고자 하나 자기파괴적인 측면이 있고, 합리적인지 합리화하는 건지도 불분명하다. 이성을 추구하나 감정에 쉽게 휘둘리는 존재이기도 하다. 선천적 존재로서 타고난 것들이 바뀌기는 어렵지만, 동시에 헬렌 켈러처럼 놀라운 후천적인 변화가 가능한 존재이기도 하다. 과학을 신봉하나 놀라울 정도로 미신적인 존재다. 이기적이면서 이타적인 측면도 갖고 있다. 사람 안에 존재하는 모순성은 이외에도 무수히 많다. 한마디로 정의하기 어려운 복잡한 존재가 사람이다. 그렇기 때문에 나 자신이 어떤 사람인지 스스로도 이해가 안 되는 것이다. 하물며 다른 사람을 이해하는 건 얼마나 어려운 일일까.

기계를 새로 사면 매뉴얼이 따라온다. 거기 있는 설명을 그대로 따라 하면 기계를 원하는 대로 조종할 수 있다. 사람을 다룰 때도 마치 매뉴얼에 따라 기계를 다루듯 하는 경우가 많다. 만약에 매뉴얼대로 했는데 기계가 뜻대로 작동이 안 되면 매뉴얼이 틀렸을까, 아니면 기계에 문제가 있는 걸까? 보통은 기계가 고장난 것이라고 판단한다. 마찬가지로 사람들은 상대방이 내 뜻대로 움직이지 않으면 상대방이 잘못된 것이라고 여긴다. 여기서 많은 문제가 발생한다. 사람은 매뉴얼대로 움직이는 기계가 아니기 때문이다. 사람은 기계처럼 획일적인 존재가 아니라 각자 다르게 태어나 저마다의 '독특함(uniqueness)'을 가진 존재다. 이런 점에서 피조물로서 인간은 기계보다는 예술작품에 가깝다.

사람과 사람 간의 관계가 힘들 때 우리는 문제가 상대방에게 있다고 생각한다. 그래서 상대방을 바꿈으로써 문제를 해결하려고 한다. 그러나 한 발짝 뒤로 물러서서 생각해보자. 혹시 내가 문제일 가능성은 없을까? 상대방을 나에게 맞추려고 하기 전에 상대방이 갖고 있는 독특함을 이해하고 존중해주는 태도를 가지고 나를 상대에게 맞추어보려는 노력을 해보면 어떨까? 특히 내가 윗사람이라면, 진지하고 겸손하게 한번은 꼭 짚고 넘어갈 명제다.

자신이 어떤 성격 유형인지 알아야 한다

이제 마리아의 사례로 돌아가보자. 수녀원에서 마리아가 문제아 취급을 받게 된 원인은 어디에 있었을까? 다른 수녀들은 마리아를 문제아라고 생각하지만 객관적으로 보면 마리아 개인의 문제라기보다는 마리아와 수녀원, 즉 개인과 조직이 서로 맞지 않아서 생긴 문제라고 할 수 있다.

수녀원은 전통과 규율을 중시하는 곳이다. 일반 조직은 세상이 바뀌면 따라서 변하지만 가톨릭은 지난 2천 년 동안 고집스럽게 규율과 전통을 지켜왔다. 그래서 수녀가 되려면 이러한 규율들을 잘 지키는 것이 기본이다. 하지만 마리아는 이러한 규율로 묶어놓기에는 타고난 성격이 너무나 자유분방했다. 시대도 바뀌었으니 수녀원의 규율을 보다 자유롭게 바꾸면 마리아 같은 성격을 가진 사람도 별 문제 없이 수녀가 될 수 있겠지만, 수녀원은 그럴 생각이 전혀 없었다.

마리아의 행동은 어떻게 고칠 수 있을까? 첫 번째 방법은 불러놓고 차분히 타이르는 것이다. 그래도 효과가 없으면 강도를 높여서 야단을 치고, 그래도 안 되면 마루 청소 같은 벌을 주는 방법도 있을 것이다.

이러한 접근 방법은 어느 조직, 어느 관계에서나 사용하는 방법이다. 그러나 이런 방법으로 마리아의 성격을 고칠 수는 없었다. 잠깐 행동이 변하기는 했지만 시간이 지나면 다시 본래 모습으로 돌아오곤 했기 때문이다.

마리아는 진심으로 수녀가 되고 싶어 했다. 또 그러기 위해서는 수녀원의 규율을 잘 지켜야 한다는 것도 알고 있었다. 그래서 스스로 고쳐보려고도 했지만 생각처럼 쉽지 않았다. 어떤 수녀에게 마리아는 자신의 잘못된 행동을 고치고자 하는 의지가 약하거나 일부러 수녀원의 규율을 어기는 것으로 보일 수도 있다. 다른 견습수녀들은 훈육을 잘 지키는데 유독 마리아만 규율을 계속 어기니 규율 담당 수녀의 눈에는 마리아가 마치 수녀원의 분위기를 망치기 위해서 들어온 존재처럼 보였을 것이다. 그래서 마리아를 '악마'라고까지 불렀을 것이다.

성격을 고정시키는 요인들

'10년이면 강산도 변한다'라는 말이 있다. 그런데 강산은 변해도 사람은 잘 변하지 않는다. 문제는 우리가 이러한 점을 제대로 인식하지 못하고 있다는 점이다. 그래서 나와 다른 사람 사이에 문제가 발생하면 다른 사람의 행동을 바꿈으로써 해결을 보려고 한다. 상관은 부하 직원을, 부모는 자식을, 남편은 아내를, 형은 아우를 바꾸려고 한다. 힘이 있는 사람이 힘이 없는 사람을 바꿔 문제를 해결하려고 한다. 그러나 대부분 실패하는 것이 현실이다. 혹시 행동의 변화가 보인다 해도 잠시일 뿐, 시간이 지나면 다시 원점으로 돌아간다. 사람은 왜 그토록 변하지 않을까? 마음속의 어떤 것이 사람의 행동을 그렇게도 유연하지 못하게 만드는 것일까?

이 질문의 답은 '성격(personality)'이라는 개념에서 찾을 수 있다. 성격은 행동을 결정하는 변수지만 거의 변하지 않는다. 혹시 변한다고 하더라도 갑자기 변하는 경우는 거의 없으며 아주 오랜 시간에 걸쳐서 조금씩 변할 뿐이다. 마리아가 자주 규율을 어겼던 것도 성격 탓이 컸다. 마리아는 자신의 행동을 반성하고 스스로 고쳐보려고도 했지만 타고난 성격은 쉽사리 고칠 수 있는 것이 아니다.

여기서 성격에 대해 잠시 생각을 해보자. 사람이면 누구나 성격을 갖고 있다고 믿는다. 그러나 엄밀하게 따지면 성격은 정확하게 그 존재를 증명할 수 없는 대상이다. 아무도 그 실체를 본 사람이 없다. 다만 시간이 흐르고 환경이 바뀌어도 비슷한 행동이 반복되는 현상을 설명하기 위해서 이론적으로 도입된 개념이 바로 성격이다. 그래서 '성격 이론'이라는 표현을 사용한다. 이는 지구의 중력이라는 개념을 과학적으로 증명할 수는 없지만, 있다고 가정해야 설명이 되는 물리적 현상이 많기 때문에 '중력 이론'이라고 부르는 것과 비슷한 논리다.

오랜만에 친한 친구들을 만날 때가 있다. 특히 외국에 있다가 한국에 돌아와 옛 친구들을 만나보면 사람은 참 바뀌지 않는다는 것을 절감한다. 대학을 졸업하고 각각 다른 분야에서 직장생활을 하고, 결혼해서 가정을 꾸리는 등 제법 큰 변화들이 있었음에도 불구하고, 또 세월이 흘러 외모에 변화가 생겼음에도 불구하고 친구들의 행동에는 거의 변화가 없다. 농담을 잘하던 친구는 아직도 농담을 잘하고, 욕을 잘하던 친구는 역시나 욕을 많이 한다. 사람의 행동에 있어서 이러한 현상들은 성격 이론으로 설명할 수 있다.

성격이라는 개념은 서양에서 비롯된 것이다. 서양의 사고방식은 기독교적 철학과 세계관에 뿌리를 둔다. 기독교 교리에 의하면 사람은 신이 창조해서 만들어진 존재다. 창조란 예술가의 작품처럼 다 다르다는 뜻이다. 공장에서 만들어지는 제품들과 달리 한 사람 한 사람 다르게 창조된 각 개인에게 독특함을 부여하는 것이 바로 성격이다. 따라서 사람의 성격은 다른 사람이 함부로 할 수 없는 신성한 대상이 된다.

성격 개조는 가능한 일일까

한때 일본에서 기업 연수 프로그램으로 '지옥캠프'라는 것이 유행했다. 캠프 입소자들 옷에 '수치羞恥'를 뜻하는 검은색 리본들을 붙여놓고 훈련 과정을 성공적으로 마칠 때마다 하나씩 제거해 리본을 다 제거한 사람만이 졸업할 수 있게 만들어진 프로그램이다. 이 리본을 다 떼어내면 자부심이 있는 사람이 된다는 의미는 아니다. 다만 자신의 수치스러운 면들을 겨우 다 떨어낸 사람이 된다는 뜻이다.

그런데 거기서 하는 훈련이라는 것이 평범한 회사원들로서는 상상할 수도 없는 극기 훈련이었다. 육체적으로 힘들다기보다는 대낮에 양복을 차려입고 행인들이 지나다니는 길거리에서 큰 목소리로 노래를 부르게 하는 등 비정상적인 행동들을 시키기 때문에 심리적으로 받아들이기 어려운 것들이었다. 게다가 이 프로그램은 그 힘든 과정을 겪는 참가자들을 격려하면서 잘하도록 만드는 것이 아니라, 오히려 못하는 사람들에게 모욕에 가까운 언사를 사용해서 수치심을 유발하는 프로그램이었다. 요즘 기준으로 본다면 비인간적인 프로그램일 수 있다. 마침 미국 방송기자가 이 프로그램을 취재하러 가서 연수원 책임자에게 왜 그런 방법으로 사람들을 훈련시키느냐고 물었더니 돌아온 답이 '참가자들의 성격을 개조하기 위해서'라는 것이었다. 서양 문화에서는 신성한 대상으로 여기는 성격을 일본에서는 개조할 대상으로 보는 것이다.

우리에게도 '성격을 개조한다'라는 표현이 낯설지만은 않다. '성격 개조'라는 표현에는 한 사람이 다른 사람의 성격을 바꿀 수 있다는 믿음 내지는 가정이 깔려 있다. 가정에서 부모가 자녀를, 학교에서 선생이 학생을, 또 군대나 회사에서 상관이 부하직원을 대하는 태도나 행동들을 잘 보면 우리 문화에 이러한 믿음이 생각보다 뿌리가 깊다는 것을 알 수 있다. 가끔 결혼을 앞둔 젊은 사람들 중에 두 사람의 성격이 서로 잘 맞지 않더라도 차이점들을 쉽게 무시한 채, 결혼해 살면서 배우자 성격을 고쳐가면 된다고 이야기하는 사람을 종종 볼 때가 있다. 그러나 그런 결혼생활은 당연히 갈등을 전제로 시작하는 것이다.

사람 관계 수업

당신은 어떤 성격의 사람인가

'사람은 곧 성격'이라고 생각하는 서양에서는 당연히 성격에 대한 연구가 많이 이루어졌다. 특히 심리학에서는 이전의 철학이나 종교 등과는 다른 방법으로 성격의 종류들을 찾아내고 측정하려는 노력을 많이 기울여왔다. 그러한 노력이 넘치다 보니 학자들이 '발견'한 성격의 종류가 너무 많아져서 혼돈스러울 지경이 되었다.

그들이 사전에서 성격 관련 단어들을 세어본 결과, 무려 1만 7천 개가 넘는 단어가 있다는 것을 알아냈다. 이 단어들을 정리해서 171개 그룹으로 줄이고, 통계 기법을 활용해 이를 다시 다섯 가지 성격 그룹으로 정리했다. 이를 '빅 파이브(Big Five)'라고 부른다. 성실성(conscientiousness), 친화성(agreeableness), 신경성(neuroticism), 경험에 대한 개방성(openness to experience), 외향성(extraversion)이다. 이 영어 단어들의 첫 글자를 따서 'CANOE(카누) 모델'이라고도 한다.

'성실성'은 책임감 강하고, 실수를 잘 하지 않고, 조심스럽고, 자기통제를 잘하는 성격이다. 이런 성격을 가진 사람들은 다른 사람들에게 믿음을 준다. 일을 맡기면 책임감 있게 해낸다. 은행원, 회계사, 법관, 의사 등의 직업과 잘 맞는 성격이라고 할 수 있다.

'친화성'은 예의 바르고, 성품 좋고, 사교적이고, 다른 사람 입장을 잘 이해하는 성격을 의미한다. 우리 주변에 '사람 좋다'라는 평판을 받는 사람들이 이 성격을 가진 사람들이다. 이런 성격을 지닌 사람은 마케팅 부서, 영업직 등 사람들을 많이 접하는 직업을 가지는 게 좋다.

'신경성'은 걱정이 많고, 마음이 불안정한 성격이다. 마음에 여유가 없어 상대방에 대한 태도가 적대적이며, 감정을 잘 통제하지 못한다. 결과적으로 다른 사람들과 갈등이 많다. 회사 안에서 유달리 갈등을 자주 일으키는 이들이 바로 이런 성격 유형을 지닌 사람들이다.

'경험에 대한 개방성'은 다섯 가지 성격 차원 중 가장 복잡한 개념이다. 일반적으로 상상력이 풍부하고, 창조적이며, 호기심 많고, 미적으로 민감한 성격을 의미한다. 창의력과 유연한 사고를 필요로 하는 직업에 적합한 성격이다. 이 성격이 약한 사람들은 변화를 거부하고, 새로운 아이디어를 받아들이지 않으려고 하며, 전통을 고수하고, 생각이 유연하지 못하고, 고집 센 행동들을 보인다.

'외향성'은 말이 많고, 자기주장이 강하며, 사람들과 어울리는 것을 좋아하는 성격이다. 많은 사람을 통솔해야 하는 리더나 정치인 같은 직업에 잘 어울리는 성격이다. 반대로 이 성격이 약한 사람은 내성적이고, 대인관계보다는 자신이 하는 일에 집중하는 성향을 보인다.

성격 유형에 관해서 학문적으로는 빅 파이브 모델이 가장 인정받고 있지만, 실제로 대중적으로 많이 알려진 것은 MBTI(마이어스-브리그스 유형 지표)다. 이 모델은 스위스의 저명한 정신병리학자 카를 융의 이론에 근거해서 만들어졌다. 사람들이 어떻게 정보를 수집하고 의사결정을 내리는지를 크게 네 가지 유형으로 나누는 모델이다.

그 네 가지는 감각(sensing)-직관(intuition), 사고(thinking)-감정(feeling), 외향(extravert)-내향(introvert), 판단(judging)-인식(perceiving)이다. 각각 상반된 성향

으로 짝을 이룬 네 가지 유형을 조합해 총 16가지의 성격 유형으로 구분한다.

'감각-직관'은 정보를 구하는 방법에 따른 구분으로, 감각 유형은 사람의 오감을 통해 정보를 얻기 때문에 객관적이고 과학적인 타입이다. 반면 직관 유형은 자신의 느낌이나 통찰을 믿는 주관적인 타입이다.

'사고-감정'은 정보를 어떻게 처리해서 판단하는가에 대한 구분이다. 사고 유형은 논리적, 합리적 분석을 통해 결론에 이르는 성향인 반면, 감정 유형은 논리보다는 감정을 앞세워 판단하는 성향이다.

'외향-내향'은 빅 파이브 모델과 중복된다. '판단-인식'은 세상을 보는 눈으로, 판단 유형은 자신이 정해놓은 틀에 세상을 맞추려는 경향이 강해 옳고 그름의 판단을 쉽게 하는 성격이다. 반면에 인지 유형은 판단을 유보하고 있는 그대로 보려는 유연하고 열린 성격이다.

나와 가치관이 다른 사람은
어떻게 대해야 할까

성격과 마찬가지로 가치관도 쉽게 변하지 않는다. 가치관은 무엇을 중요하다고 여기는지에 대한 판단이자 믿음이다. 물론 타고나는 성격과 달리 가치관은 후천적으로 얻어지지만 한 번 형성되면 유연성이 없어 웬만해서는 바뀌지 않는다.

각 문화마다 중요시하는 가치관이 다르다. 예를 들면 미국은 개인의 권리와 프라이버시를 중시하는 개인주의가 팽배하며, 우리나라는 반대로 개인보다는 집단의 이익을 우선시하는 집단주의 문화가 지배적이다. 미국 사람들이 한국에 와서 생활할 때나 반대로 한국 사람들이 미국에서 생활할 때, 혹은 한 기업에서 한국 사람과 미국 사람이 같이 일할 때 서로 다른 가치관들이 충돌해 문제가 발생한다. 점점 글로벌화하는 오늘날의 기업 환경에서 이렇게 서로 다른 나라 사람들 사이에 가치관이 달라서 발생하는 문제들이 늘고 있다.

같은 기업 조직 안에 있는 사람들도 개인의 가치관은 다 다르다. 어떤 이들에게는 승진이 봉급보다 더 중요한 가치다. 그 반대인 사람도 있다. 어떤 사람은 자신의 삶에서 커리어상의 성공을 우선시한다면,

51

다른 사람은 일보다는 삶의 질을 더 중요하게 생각하기도 한다. 이러한 가치관의 차이는 행동의 차이를 가져온다. 또한 한 사람의 마음속에 존재하는 여러 가지 가치들은 중요한 정도에 따라서 피라미드처럼 계층을 이룬 형태로 존재한다. 다음의 이야기를 읽으면 우리 마음속 가치관의 피라미드가 어떻게 생겼는지 알 수 있을 것이다.

내 마음속 가치관의 피라미드는 어떤 모습일까

식인 악어 떼가 사는 강이 가로지르는 마을이 있었다. 강의 왼쪽 동네에는 아비게일, 신바드, 이반, 오른쪽 동네에는 그레고리와 슬러그가 살고 있었다. 그리고 왼쪽 동네의 아비게일과 오른쪽 동네의 그레고리는 연인 사이였다.

사랑에 빠져 있는 아비게일은 그레고리가 너무나 보고 싶어 당장이라도 그의 곁으로 가고 싶었다. 하지만 두 마을을 잇는 다리가 지난여름 홍수에 휩쓸려 떠내려가 그를 만나려면 헤엄을 쳐서 강을 건너거나 배가 있는 신바드의 도움을 얻어야만 했다. 식인 악어들이 득실거리는 강을 헤엄쳐 건너는 것은 목숨을 내놓는 일이나 마찬가지였기에 아비게일은 신바드의 도움을 받기로 했다. 아비게일은 신바드를 찾아가 돈을 줄 테니 배로 강을 건너게 해달라고 부탁했다.

"돈은 필요 없다." 신바드가 말했다. 그럼 무엇을 원하느냐고 아비게일이 묻자 신바드가 답했다. "글쎄, 네가 어떻게 생각할지 모르겠지만……." 신바드는 잠시 멈추었다가 말을 이었다. "네가 나랑 딱 한 번만 잠자리를 같이해주면 건너게 해주겠다. 선택은 네게 달렸다."

아비게일은 그 자리에서 화를 내며 제안을 거절했다. 하지만 집으로 돌아와 생각해보니 다른 방법은 떠오르지 않았다. 그래서 이반을 찾아가 하소연하기로 했다.

아비게일은 이반에게 지금까지의 일을 다 털어놓고 그에게 도움을 청했다. 그런데 이반은 이야기를 다 듣고 나더니 넌지시 발을 뺐다. "너의 답답한 마음은 십분 이해가 가지만, 이 일은 근본적으로 너와 그레고리 두 사람 사이의 개인적인 일인데다 난 그런 개인적인 일에는 끼어들고 싶지 않아." 이반의 답을 들은 아비게일은 당장 자신의 연인의 곁에 갈 수 있는 방법은 신바드의 배를 얻어타는 것밖에 없다고 판단했다. 그녀는 다시 신바드에게 돌아가 그의 제안을 받아들인다. 신바드는 약속한 대로 아비게일을 자신의 배에 태워 강 건너편으로 데려다주었다.

어렵사리 그레고리를 찾아간 아비게일은 연인을 만나자 너무나 반가운 마음이 들었다. 그리고 그를 만나러 오기까지 얼마나 힘들었는지 솔직하게 털어놓았다. 그레고리도 사랑하는 아비게일이 찾아와 더없이 반가웠지만 아비게일이 자신을 만나기 위해 신바드의 제안을 받아들였다는 것만큼은 납득할 수 없었다. 그는 아비게일에게 더 이상 자신의 여자친구로 생각할 수 없다며 이별을 선언했다.

연인을 만나기 위해 수모까지 겪었건만 오히려 버림받게 된 아비게일은 억울하고 분한 마음을 주체할 수 없었다. 아비게일은 슬러그를 찾아가서 이 모든 이야기를 전했다. 아비게일의 이야기를 들은 슬러그

사람 관계 수업

는 연민의 정을 느끼면서 자신이 대신 복수해주겠다며 그레고리를 찾아갔다.

힘이 약한 그레고리는 슬러그에게 마냥 맞을 수밖에 없었다. 그때 강 서편으로 해가 지기 시작했다. 아비게일은 그레고리가 슬러그에게 두들겨맞는 모습을 봤지만 전혀 연민의 감정이 들지 않았다.

위의 이야기에 등장한 다섯 명의 인물들을 본인의 판단에 따라 가장 나쁜 사람부터 가장 좋은 사람까지 순위를 매겨보길 바란다. 여기 다섯 명은 각각의 가치관을 나타낸다. 이반은 남의 일에 간섭을 꺼리는 개인주의, 슬러그는 자신의 일이 아니더라도 친구를 위해서라면 폭력을 사용하는 것도 불사하는 집단주의, 아비게일은 사랑하는 마음이 무엇보다 중요한 사랑 지상주의, 반대로 그레고리는 마음보다는 육체적인 관계를 더 중시 여기는 보수주의를 상징한다. 신바드는 남의 약점을 이용해서 자기 잇속을 챙기는 야비한 이기주의자로 보이기도 하지만, 다른 측면에서 보면 아비게일에게 강요한 것이 아니라 선택할 기회를 준 것이고 선택은 아비게일이 한 것이니 주어진 상황에서 자신이 원하는 것을 최대한 얻어내는 실리주의자로 보이기도 한다. 이 모두 현실적이고 중요한 가치관들이다. 우리는 이들의 행동을 판단하는 과정에서 다양한 종류의 가치관이 내 마음속에서는 어떠한 순서로 자리를 잡고 있는지 알 수 있을 것이다.

실제로 이 이야기를 수업 시간에 들려주고 학생들을 소규모 그룹으로 나누어 토의를 시켜보면 재미있는 현상들이 나타난다. 대화를 통해 자신이 속한 그룹 구성원들이 모두 공감할 수 있는 순위를 매기라고 하면 가끔 서로의 가치관 차이를 좁히지 못해 얼굴을 붉히고 화를 내는 경우가 있다. 강의실에서 웬만한 일로는 감정을 절제하던 학생들이 간단한 실습을 하면서 화를 내는 것은 다른 사람들이 자신의 가치관에 반하는 이야기할 때나 내 가치관을 바꾸려고 할 때 저항하는 마음이 생기기 때문이다. 그만큼 가치관은 바꾸기 힘들다는 사실을 보여준다.

흔히 사교 모임에서 정치와 종교 이야기는 피하라고 조언한다. 사람들 대부분이 정치적 성향과 종교에 관해서는 자신만의 완고한 가치관을 갖고 있기 때문이다. 정치적으로나 종교적으로 상대방이 나와 다른 가치관을 보이면 서로의 차이를 인정하고 이해하기보다는 상대방을 적 혹은 위협적인 대상으로 여기면서 적대감을 품게 되고, 심하면 다툼으로 발전하기도 한다.

회사라는 조직에서 일할 때 가치관이 중요한 이유는 사람들은 저마다 자신의 가치관에 따라 업무를 하고 사람을 대하기 때문이다. 만약에 회사에서 요구하는 것들이 자신의 가치관과 어긋날 때 사람들은 어떤 행동을 보일까? 자신의 가치관을 바꾸어 회사와 일이 요구하는 것에 맞추는 선택을 할 수도 있고, 자신의 가치관을 지키기 위해 회사를 옮기거나 일의 방향을 바꾸는 선택을 할 수도 있다. 여러분이라면 어떻게 할 것인가?

가치관과 일의 불일치로 인한 갈등

한 일간지에 한국의 방위산업체에서 무기 만드는 일을 하던 과학자 이야기가 소개된 적이 있다. 엔지니어 출신인 그는 한국형 무기 개발을 위해 열심히 일을 하고 있었고, 그 일을 함으로써 애국을 한다는 자부심도 가진 사람이었다.

그런데 어느 날 문득 '내가 하고 있는 일이 사람을 죽이는 무기를 만드는 일이구나' 하는 생각이 들었다. 자신이 새롭게 가지게 된 가치관과 직업이 충돌한 것이다. 그는 자신의 가치관과는 배치되는 일이라도 계속할지, 아니면 가치관을 지키기 위해 직업을 바꿀지를 두고 고민하다가 결국 후자를 선택했다. 사표를 던지고 회사를 나온 그는 환경보호 운동가가 되어 우리나라 시골 구석구석을 다니면서 생명을 보존하고 키우는 일에 매진하고 있다.

이전에 내가 미국 대학에서 박사과정을 밟고 있을 때 40대 중반의 남자가 박사과정에 들어온 적이 있었다. 유명한 컨설팅회사에서 공인회계사로 일하던 사람이었다. 회계사로 돈도 많이 벌고 회사에서 성공적인 커리어를 이어가던 사람이 어느 날 갑자기 회사를 관두고 박사과정에 들어간다고 하니 다들 의아해했다고 한다. 사실 나도 의아해서 왜 그런 결정을 하게 되었는지 물었다. 그 역시 자기 일과 가치관이 맞지 않는다는 걸 절감했기 때문에 그만두게 되었다고 했다.

그의 고객은 주로 변호사나 의사 같은 전문직에 종사하는 고소득층이었고 그의 일은 이들의 세금을 합법적으로 줄여주는 역할이었다.

그는 어느 날, 창밖을 보다가 세금 보고서 자료들을 자신에게 전달하러 온 외과의사가 차를 타고 돌아가는 모습을 물끄러미 보게 되었다고 한다. 의사의 차는 포르쉐였다. 그렇게 값비싼 차를 몰고 가는 고객의 뒷모습을 보면서 문득 '내가 하는 일이 결국 돈 많이 버는 사람들이 세금을 덜 내게 돕는 일이구나' 하는 생각이 들었다고 한다. 그러면서 대학 시절부터 마음 한구석에 품었던 꿈이 떠올랐다. 바로 대학교수가 되는 것이었다. 교수가 되려면 몇 년 동안 공부도 더 해야 하고, 그러는 동안 꽤 많은 돈을 벌 기회도 잃게 되고, 교수가 된 후에도 회계사 시절만큼 많이 벌 수는 없겠지만 자신의 가슴이 시키는 일을 하기로 결심했다.

이는 자신의 마음속에 있는 가치관과 자신이 하는 일 사이의 불일치를 깨닫는 순간 비롯된 것이다. 이런 생각은 늘 잠재의식 속에 숨어 있다가 회계사의 '그날'처럼 어느 순간 발현된다. 그러고 나면 생각이 점점 더 선명해지고 마음에 갈등이 생기기 시작한다. 급기야 그 갈등을 해결하기 위한 선택을 하게 된다. 이때 위의 두 사람처럼 금전적인 손실을 감수하면서까지 가치관에 맞는 방향으로 새로운 선택을 할 수도 있고, 현실을 외면할 수 없어 가치관에 반하는 삶을 선택할 수도 있다.

선택은 각자의 몫이다. 중요한 것은 사람의 가치관은 성격과 마찬가지로 한 번 정립되면 쉽게 바뀌지 않는다는 것이다. 사람마다 가진 성격이 고유하듯이 가치관도 자신만의 삶 속에서 세워진 나름의 원칙이

기 때문에 섣불리 타인의 가치관을 바꾸려고 들면 갈등은 깊어질 수
밖에 없다.

나를 바꾸는 게 상대를 바꾸는 것보다 쉽다

사람에 대한 이해의 출발점으로 성격과 가치관에 대해서 살펴봤다. 이는 사람의 행동을 결정하는 가장 기본적인 두 가지 변수라고 할 수 있다. 성격과 가치관에 관해 논의한 내용을 정리하면 사람을 다루는 일과 관련한 몇 가지 의미 있는 시사점을 끌어낼 수 있다.

첫째, 자신을 알아야 한다는 점이다. '너 자신을 알라'라는 소크라테스의 명언처럼 우리는 자신의 성격이 어떤지, 자신에게 진짜로 중요한 가치관이 무엇인지 잘 모르는 경우가 많다. 그러나 다른 사람을 내 뜻대로 바꾸려고 하기 전에 나 자신부터 제대로 알고 다룰 수 있는 능력을 갖추어야 한다. 그러기 위해서는 자신에 대한 정확한 이해가 우선되어야 한다. 자기 성찰을 통해 마음을 깊이 살펴보는 일뿐 아니라, 특정 상황에 처했을 때 자신은 어떤 행동을 하는지 주의 깊게 관찰하면 '나는 어떤 사람인지' 이해하는 데 도움이 될 것이다.

그동안 내가 해왔던 행동을 '관찰'해온 주변 사람들이 나보다 나에 대해서 더 객관적으로 알고 있는 경우가 많다. 그런데 주변 사람들이 나를 어떻게 보고 있는지, 그들 눈에 비친 나의 성격과 가치관은 무엇인지 잘 모르고 지내기가 쉽다. 그렇기 때문에 다른 사람들이 나에 대해 어떻게 생각하는지 솔직하게 이야기하고 듣는 습관을 갖는 것이 중요하다. 만약 내가 생각했던 나의 모습과 다른 사람의 눈에 비친 나의 모습이 다르다면 그 차이점이 '어디'에서 오는지 알 필요가 있다.

둘째, 사람은 거의 변하지 않는 존재라는 점이다. 사람의 행동에 직접적인 영향을 미치는 성격과 가치관은 단기간에 변하지 않는다. 사람과의 관계에서 발생하는 많은 문제는 '사람은 거의 변하지 않는 존재'라는 점을 인정하지 않은 채 단기간에 자신이 원하는 대로 상대방을 변화시키려고 할 때 발생한다. 사람 사이에 갈등이 생길 때 이를 해결하는 가장 현실적인 방법은 상대의 성격이나 가치관을 바꾸려고 애쓰는 것이 아니다. 그보다는 자신의 성격과 가치관을 바꾸는 것이 더 현명한 선택이다. 물론 나를 바꾸는 것도 어렵지만 내가 상대방의 성격을 바꾸려고 하는 것보다는 더 쉽다는 말이다.

리더들은 대개 힘이나 권력을 이용해서 부하직원을 바꾸려고 노력한다. 하지만 이러한 시도들은 대부분 실패로 끝난다. 마리아의 경우도 마찬가지였다. 조금 역설적인 이야기가 될 수도 있겠지만, 윗사람은 아랫사람보다 더 연륜 있고 지식과 경험도 풍부하므로 상대적으로 자신을 바꾸는 것이 아랫사람을 바꾸는 것보다는 더 쉬울 것이다.

상사가 먼저 자신을 바꾸면 부하직원도 달라진 상사의 모습을 보고 스스로 변화하려는 노력을 기울일 가능성이 있다. 이 같은 상호작용으로 문제를 해결하는 것이 가장 바람직하다. 가정에서도 마찬가지다. 부모가 자식을 바꾸려고 할 게 아니라, 부모가 먼저 자식을 이해하고 자식에게 맞추려 하면 자식도 그 모습을 보고 스스로 바뀌려고 노력할 것이다. 그러나 우리는 대부분 그 반대로 한다. 사람과의 관계가 힘든 이유는 바로 그 지점에서 발생한다.

셋째, 사람이란 존재는 잘 바뀌지 않기 때문에 처음부터 나와 우리 조직에 맞는 사람을 선발하는 것이 중요하다는 점이다. 회사라면 일하는 능력뿐 아니라 조직문화나 기존 직원들과 정서적으로 잘 맞는 사람을 선발해야 문제가 적다. 그러나 우리나라 기업에서는 직원을 기계적으로 선발하는 경향이 있다. 학벌, 스펙, 시험성적 등 능력과 관련된 것들로 일단 인재를 가려낸 후에 인터뷰를 거쳐 최종 결정을 한다. 인터뷰를 통해서 신입직원의 성격과 친화력을 파악한다지만, 인터뷰 상황은 구직자 입장에서는 심리적 부담을 상당히 느끼는 특별한 상황이기 때문에 그때의 행동으로 구직자의 진짜 성격을 파악하기는 어렵다. 이와 다르게 미국의 선진 기업들 중에는 직원을 새로 채용할 때 여러 날에 걸쳐 그 직원이 일하게 될 부서의 거의 모든 사람이 일대일 인터뷰를 하기도 한다. 그들이 이처럼 사람을 채용할 때 신중한 노력을 기울이는 이유는 사람은 잘 바뀌지 않는 존재라고 전제하고 있기 때문이다.

넷째, 다른 사람들과 일을 할 때 능력 못지않게 중요한 덕목이 '조화(fit)', 즉 상호간에 '궁합'이 맞는지 여부라는 점이다. 나와 회사, 나와 내 직업, 그리고 나와 내 동료가 서로 잘 조화될 수 있는지 꼼꼼히 따져봐야 한다. 능력 있는 직원을 채용했지만 그가 제대로 능력을 발휘하지 못하는 경우라면, 비난하기 전에 그 직원과 다른 직원 혹은 직원과 일 사이에 '부조화(misfit)'가 있는지부터 따져봐야 한다. 나의 성격과 가치관이 내 직업과 일치한다면 일하는 것 자체가 즐겁고, 즐겁게 일을 하다 보니 성과도 나게 되고, 그러다 보면 성공적인 커리어를 갖게 될 가능성이 높다. 이런 점에서 조화의 중요성은 아무리 강조해도 지나침이 없을 것이다.

그렇다면 마리아 문제는 어떻게 해결해야 할까

원장 수녀가 마리아라는 문제를 해결하는 방법으로 최종적으로 선택한 것은 마리아를 수녀원에서 잠시 내보내는 것이었다. 마리아와 수녀원 사이의 부조화가 문제의 원인이고, 이 문제를 해결하기 위해서 마리아의 성격을 수녀원에 맞춰보려고 했지만 그것이 불가능하다는 것을 깨달았기 때문이다. 그렇다면 마리아의 성격에 잘 맞는 다른 환경을 찾아주는 것이 해결 방법이 될 수 있을 터였다. 마침 수녀원 근처에 사는 본 트랩 대령의 집에서 가정교사를 찾고 있었다. 그는 7명의 아이를 키우는 홀아비였는데 이전까지 일하던 가정교사가 갑자기 그만두게 되어 마침 수녀원에 좋은 사람이 있으면 추천을 해달라고 의뢰한 상황이었다. 원장 수녀는 이 일에 마리아가 적합하다고 판단했다.

마리아는 원장 수녀의 제안이 선뜻 내키지 않았다. 수녀원을 떠나 일반 가정에 들어간다는 것은 소위 속세로 돌아가는 것이기 때문이었다. 원장 수녀에게 다시 한 번 수녀원에 남아서 잘해보겠다고 간청했지만 원장 수녀는 생각을 바꾸지 않았다. 영영 수녀원을 떠나는 게 아니라 가정교사 일이 맞지 않으면 다시 수녀원으로 돌아오라는 말로 마리아를 설득했다.

원장 수녀의 판단은 맞았다. 마리아는 본 트랩 대령의 집에서 엄마가 없는 일곱 아이들과 같이 행복한 시간을 보냈다. 아이들도 마리아를 무척이나 좋아했다. 마리아에게는 수녀원 생활보다는 가정교사 일이 더 잘 '맞는' 일이었다. 그사이 본 트랩 대령과 사랑의 감정을 느끼게 되고 결국 두 사람은 결혼에 이르게 된다. 마리아는 수녀가 되고 싶다는 자신의 꿈과는 전혀 다른 방향으로 인생을 살게 되었지만, 수녀의 삶보다는 가정을 꾸리고 아내와 엄마로 사는 것이 자신의 성격에 더 잘 맞고 진정한 행복을 느낄 수 있는 일이었다.

사람은 자신에게 잘 맞는 일이 무엇이고, 잘 맞는 사람은 어떤 사람인지 모르는 경우가 많다. 마리아가 그랬다. 자신의 성격과 그에 맞는 자신만의 길을 몰랐다. 오히려 원장 수녀가 현명한 판단을 해주었다. 이처럼 타인의 관찰을 통해 발견한 '나'는 때론 수십 년 동안 스스로 깨닫지 못한 것을 순식간에 일깨워주기도 한다. 나를 가장 잘 아는 건 나 자신이 아닐 수도 있다.

나를 바꾸는 게 상대를 바꾸는 것보다 쉽다

마리아와 원장 수녀의 사례처럼 사람을 다룬다는 것은 그 사람에게 가장 좋은 길이 무엇인지 찾아주는 조력자의 역할을 포함한다. 리더는 자신의 부하직원이 기대에 못 미칠 경우 성급하게 비난하기 전에 원인이 부하직원에게만 있는 것인지, 아니면 다른 곳에 있는 건 아닌지 냉정하고 정확하게 판단하는 능력과 태도를 갖추어야 한다. 이것이 진정한 리더의 자세다. 만약 부하직원이 자신과 잘 맞지 않는 일을 맡아서 제대로 성과를 내지 못하는 것이라고 판단되면 자신의 잠재력을 제대로 발휘할 수 있는 다른 일을 찾도록 도와주는 것이 리더의 임무다. 이를 위해 리더는 부하직원에 대해 부하직원 본인보다 더 잘 알고 있어야 한다.

만약 지금 부하직원 중에 의도적인 것은 아니지만 잘못을 반복하는 사람이 있고, 그를 바꾸기 위해 이런저런 방법을 써봐도 개선되지 않는다면, 바꾸려는 노력을 멈추고 그의 성격과 가치관에 나를 맞추는 노력을 해보라고 권하고 싶다. 물론 쉬운 일은 아니다. 대개는 나를 바꾸는 것보다 상대방을 바꾸고 싶어 한다. 그쪽이 덜 고통스럽기 때문이다. 상사나 부모처럼 상대적으로 우위에 있는 사람들은 자신이 덜 고통받는 쪽을 선택하고 싶을 것이다. 이는 사람의 본성이다. 하지만 단언컨대 상대를 고치는 것보다 나 자신을 고치는 게 더 쉽다. 강제와 자발의 차이기도 하다.

2장°
보고 싶은 것만 보지 마라

영화 〈패치 애덤스〉 속 '루디'의 정신분열증을 낫게 한 건
간호사가 아니라 룸메이트 패치였다.
패치는 루디를 고치려 들지 않고
루디의 세상으로 뛰어들어 그의 시각으로 문제를 바라봤다.
내가 보고 싶은 것만 보면 문제는 해결되지 않는다.

사장의 여비서가
부사장으로 승진했다!

하버드대 MBA 출신
20대 후반의 커닝햄.

미국 500대 기업 Bendix
사장 비서로 취업했다.

사장과 비서 사이
함께하는 시간이
많았다.

출장도 함께 다녔다.

비서-〉 홍보 담당 부사장-〉 전략 담당 부사장
Bendix의 2인자로
초고속 승진!!

〈포춘〉 선정 500대 기업 중
최연소 여성 임원!
Bendix의 커닝햄!!

직원들의 불만이 높아지자 커닝햄 초고속 승진 건에 대한 이사회가 개최된다.

탐 탐 탕!

커닝햄은 사퇴해야 한다!!

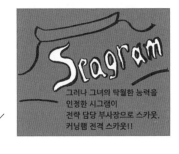

Sragram

그러나 그녀의 탁월한 능력을 인정한 시그램이 전략 담당 부사장으로 스카웃. 커닝햄 전격 스카웃!!

시그램의 판단이 맞는 걸까? 우리가 그녀를 불륜으로 덧씌워 잘못 본 걸까?

세월이 흘러… Bendix 사장은 이혼 후 커닝햄과 결혼했다.

불륜인가? 능력인가?

사람은 자기가 보고 싶은 대로 본다. 어떤 객관적 관점을 가지느냐가 중요하다.

남들이 보지 않는 것을 보라

이제 영화 〈패치 애덤스Patch Adams〉에 등장하는 루디의 문제를 살펴보자. 그의 문제는 지극히 단순하다. 자기 방 구석에 있는 화장실에 가지 못한다는 것이다. 침대에서 화장실까지의 거리는 겨우 4.5미터에 불과하다. 하지만 루디는 몇 걸음 되지도 않는 그 짧은 거리를 가지 못한다. 이유는 방 안에 돌아다니는 다람쥐들 때문이다. 다람쥐들은 루디의 눈에만 보이고 병원의 다른 사람들 눈에는 보이지 않는다. 루디의 말에 따르면 자신의 침대와 화장실 사이에 있는 다람쥐들이 자신을 물까 봐 무서워서 화장실에 갈 수 없다는 것이다. 루디의 병명은 정신분열증이다.

혼자 방을 쓰던 루디에게 어느 날 새로운 룸메이트가 생긴다. 그의 이름은 패치 애덤스. '패치'는 그가 정신병원에 들어온 후에 다른 환자가 그에게 붙여준 별명이고 본명은 헌터 애덤스다. 그는 심한 우울증을 앓고 있다. 자살도 여러 번 시도한 끝에 마지막 희망으로 스스로 이 정신병원을 찾아온 것이다.

그는 9세 때 아버지를 여의었다. 아버지는 한국전쟁에 참전한 군인으로 그때 받았던 정신적 충격이 커서 세상을 떠나기 2주 전 패치에게 '한국전에서 영혼을 잃어버린 것 같다'라는 이야기를 했다. 패치는 아버지가 병으로 일찍 돌아가시고 난 후 여기저기 떠돌아다니면서 살게 되었다. 정신병원에 들어오기 전해엔 7번이나 이사를 할 정도였다. 상상력도 풍부하고 총명한 패치였지만 외롭고 힘들게 자라면서 자신과 세상 사이에 보이지 않는 벽 같은 것이 있다고 느끼게 된 것이다.

패치는 간호사가 안내해준 방에서 루디를 처음 만났다. 루디는 자신의 침대 위에 앉아 있었다. 패치는 루디를 보고 간단하게 인사를 하고 짐을 정리하고 있었는데 루디가 갑자기 비명을 지르기 시작했다. 침대에서 일어나더니 창살을 잡고 올라가려고 안간힘을 썼다. 그러면서 패치를 보고 '배반자!'라고 소리를 질렀다. 패치가 방문을 열고 들어올 때 다람쥐들이 방 안으로 들어왔다는 것이다. 루디의 갑작스러운 행동에 패치는 당황해서 방문을 두들기며 도와달라고 외쳤다. 문은 밖에서 잠겨 있어 안에서는 마음대로 나갈 수가 없었기 때문이다. 잠시 후 패치가 문을 두드리는 소리를 들은 간호사 둘이 뛰어와 창살을 잡고 벽에 붙어 있는 루디를 끌어내리고는 엉덩이에 진정제를 놔주었다. 주사바늘이 엉덩이를 찌르자 루디는 다람쥐가 자신을 문다고 소리를 질렀다. 그러고는 곧 잠잠해졌다.

그렇게 지내던 어느 날 밤, 패치는 루디의 침대에서 나는 삐걱거리는 소리 때문에 잠을 잘 수가 없었다. 루디가 침대 위에 몸을 웅크리고 앉아서 침대 매트리스를 위아래로 흔들어댔기 때문이었다. 처음에는 그냥 무시하고 반대쪽으로 돌아누우면서 루디에게 "너 때문에 잠을 잘 수 없으니 그만하라"고 말했다. 하지만 루디는 화장실을 가야 하는데 다람쥐 때문에 가지 못한다는 말을 반복했다. 패치는 일어나 앉았다. 이전 같으면 다시 간호사를 불렀겠지만 이번에는 루디를 설득해보기로 했다. "다람쥐는 먹이사슬의 바닥에 있는 동물이라 위험하지 않으니 전혀 무서워할 필요가 없어." 하지만 이 말도 루디에게는 별 소용이 없었다.

과연 루디를 어떻게 해야 할까? 이번 기회에 루디가 아예 다람쥐의 공포로부터 해방되어 앞으로는 혼자서 화장실을 갈 수 있게 만들 방법이 없을까?

내 방식이 아닌 상대방의 방식으로 문제를 풀어라

이전까지 루디의 문제를 해결하려는 방법들은 상식 안에 있는 해결 방법이었다. 그러나 상식은 통하지 않았다. 진정제 주사를 놓거나 '다람쥐는 전혀 무서운 동물이 아니니 두려워할 필요가 없다'라고 설득하는 방법은 아무 소용이 없었던 것이다. 이럴 경우는 아예 사고의 틀을 완전히 뒤집어야 실마리를 찾을 수 있지 않을까?

우선 지금까지의 해결 방법을 분석해보자. 의사, 간호사 그리고 룸메이트인 패치까지 이들은 모두 '루디는 환자다'라고 생각했다. 즉 루디가 정상이 아니라고 생각했다. 그러므로 정신분열증을 앓고 있는 루디와 소위 정상인들 사이에 발생하는 문제는 당연히 환자인 루디를 고쳐서 해결해야 한다고 생각했다. 그리고 그 방법이란 강제로든 설득해서든 모두 '루디를 고쳐야 한다'라는 명제에 기반한 것들이었다.

패치는 달랐다. 그는 자신의 생각을 완전히 뒤집어서 지금까지와는 전혀 다른 방법으로 루디의 마음에 접근해야겠다는 생각을 하게 된다. '정상인 내가 비정상인 루디를 바꾸어서 문제를 해결하자'라는 게 아니라, 오히려 나를 바꾸어서 루디의 세상에 뛰어들어 루디의 시각으로 문제를 보고 해결법을 찾아야겠다고 생각한 것이다.

패치는 루디와 마찬가지로 자신의 눈에도 다람쥐들이 보인다고 생각하고, 또 그 다람쥐들이 귀여운 존재가 아니라 위험한 존재라고 생각해보았다. 그러자 그다음 해결 방법은 저절로 떠올랐다. 다람쥐들을 죽이면 되는 것이다. 패치는 손을 권총 모양으로 만들어 다람쥐를 하나하나 겨냥해서 방아쇠를 당기는 시늉을 했다. 한 번 방아쇠를 당기고 난 후에는 손가락 끝을 입 근처로 가져와 훅 하고 바람을 불었다. 루디는 패치가 만들어낸 권총이 자신의 눈에도 보이는 듯했다. 패치가 방아쇠를 한 번 당길 때마다 다람쥐들이 죽어나가는 모습이 그의 눈에 보였다. 그런데 문제는 거기서 끝나지 않았다. 갑자기 여기저기 구석에서 다람쥐가 더 많이 나타나는 것이었다.

권총으로 해결될 문제가 아니었다. 패치는 권총을 기관단총으로 바꾸었다. 그러고는 다람쥐들을 향해 난사했다. 루디는 자신이 무서워하던 다람쥐들이 총탄을 맞고 죽어나가는 모습을 '보고' 신이 났다. 하지만 아직도 총탄을 맞지 않고 여기저기 돌아다니는 다람쥐들이 보였다. 한 방에 모든 다람쥐를 몰살시킬 수 있는 강력한 무기가 필요했다. 그때 패치의 머릿속에 바주카포가 떠올랐다. 루디의 침대를 모로 눕혀 요새를 만들고 패치와 루디는 그 뒤에 숨어서 바주카포를 어깨에 얹었다. 제아무리 구석구석에서 쏟아져 나오는 다람쥐들이라고 해도 강력한 바주카포 한 방이면 다 끝날 것이었다. 패치는 루디에게 포탄을 장전하고 발사하라고 시켰다. 루디는 패치의 지시대로 포탄을 장전하고는 패치의 머리를 탁 치면서 바주카포를 발사시켰다.

발사된 포탄은 그대로 날아가 큰 소리를 내면서 폭발했다. 강력한 폭발의 힘으로 방 안에 남아 있던 모든 다람쥐들은 몰살당했다. 패치는 이때다 하면서 루디의 손을 붙잡고 침대를 뛰어넘어 같이 한걸음에 화장실로 달렸다. 루디도 더 이상 반항하지 않았다. 루디가 병원에 들어온 이후 처음으로 자신의 발로 화장실에 가게 된 순간이었다. 루디의 문제를 해결해준 것은 의사도 간호사도 아닌 '바주카포'였다.

문제에 초점을 맞추면 문제를 풀 수 없다

패치가 바주카포라는 영감을 떠올리기 전에 하나의 사건이 있었다. 패치가 정신병원에 들어오던 날 갑자기 한 노인이 그의 앞을 가로막으면서 엄지를 뺀 네 개의 손가락을 모두 펼쳐 패치 얼굴 앞에 바짝 갖다 대고는 물었다. "손가락이 몇 개로 보이는가?" 패치는 갑작스러운 일에 당황하면서 자신의 눈에 보이는 대로 "네 개"라고 답했다. 그랬더니 노인은 "미친놈이 또 하나 들어왔구먼. 쯧쯧" 하면서 비아냥대며 물러났다. 그의 이름은 아서 멘델슨이었고 성공한 기업인이자 천재적인 발명가이기도 했다. 패치도 그의 명성을 들어본 적이 있었다. 패치는 나중에 간호사에게 왜 아서가 정신병원에 들어왔느냐고 물었다. 간호사는 아서가 인간의 창의력이 어디까지 갈 수 있는지에 대해 파고들다가 정신이 이상해진 것 같다는 대답을 들려주었다.

그날 아서가 던졌던 질문이 내내 패치의 머릿속에서 맴돌았다. 그질문에 대한 답이 궁금했다. 급기야 패치는 어느 날 밤 아서의 방으로 찾아갔다. 패치가 문을 두드리며 들어가도 되겠느냐고 공손하게 물었지만 아서는 책상에서 무언가를 쓰는 일을 멈추지 않은 채 냉소적으로 대답했다. 그럼에도 불구하고 패치는 방 안으로 들어가 아서의 책상 옆에 앉았다. 아서는 복잡한 수학 공식을 써내려가고 있었다.

"그 문제의 정답이 뭐예요?" 패치는 자신을 쳐다보지도 않고 뭔가를 쓰는 일에만 몰두하고 있는 아서에게 단도직입적으로 물었다. 아서는 역시나 눈길도 주지 않은 채로 퉁명스럽게 쏘아붙였다. "무슨 문제든 정답이 있다고 여기면서 스스로를 똑똑하다고 생각하는 놈이 또하나 굴러 들어왔구먼." 그때 패치의 눈에 아서가 마시고 놓아둔 듯한 종이컵에서 커피가 조금씩 새어나오는 것이 보였다. 종이컵의 이음새 부분이 풀어진 듯했다. 패치는 마침 책상 옆에 붙어 있던 테이프 조각을 떼어서 종이컵의 새는 부분에 붙였다. 패치의 그런 섬세한 행동에 관심이 갔는지 아서는 하던 일을 멈추고 패치를 마주보고 앉았다.

아서는 조용히 패치의 오른손을 끌어당겼다. 그러고는 패치의 엄지손가락을 접은 후 나머지 네 손가락은 다 펴게 했다. 손바닥은 아서를, 손등은 패치를 향한 상태로 패치의 얼굴 앞에 그 손을 끌어올렸다. 패치의 방향에서는 안으로 접힌 엄지손가락을 제외한 나머지 네 손가락이 보이는 형태였다. 그 상태에서 아서는 다시 물었다. "손가락이 몇 개로 보이나?" 패치는 당연히 자신의 눈에 보이는 대로 4개라고 답했다. "손가락을 보지 말고 손가락 너머에 있는 나의 얼굴을 봐." 아서는 이렇게 말하고는 다시 몇 개인지 물었다. 패치는 혼란스러웠다. 아서가 하는 말이 무슨 뜻인지 도무지 이해할 수가 없었다.

당황해하는 패치를 보고 아서가 말했다. "문제에 초점을 맞추면 문제는 풀 수 없어. 문제를 넘어서 봐야 해. 손가락을 넘어서 다시 봐." 그러고는 다시 한 번 몇 개가 보이는지 물었다. 아서의 말을 듣고 패치는 원래 손가락에 맞추어져 있던 눈의 초점을 흐트리고 천천히 손가락을 지나서 아서의 얼굴에 초점을 맞추니 뚜렷하게 보이던 손가락들이 희미하게 보이면서 잔상까지 겹쳐 8개로 보이기 시작했다. 패치는 보이는 그대로 잔상까지 합쳐서 8개가 아니냐고 반문하듯 답했다. 그제야 아서가 웃으면서 "8은 훌륭한 답이지!"라며 칭찬을 했다. 그러고는 몇 마디 덧붙였다.

남들이 보지 않는 것을 보라

"다른 사람들이 보지 않는 것을 봐. 사람들이 게으름, 순종, 두려움

　　　　　　　　　　　　　　　　　　　　사람 관계 수업

때문에 일부러 보지 않는 것들을 보라는 말이지. 매일매일을 새롭게 봐야 해. 만약 당신이 나에게서 늙고 한 맺힌 미친 사람의 모습만을 봤다면 애당초 나를 찾아오지도 않았을 거야." 패치는 아서에게 물었다. "그럼 당신 눈에 나는 어떻게 보이죠?" 아서가 대답해주었다. "커피잔을 테이프로 붙여서 고쳐주었으니 '패치(patch, '붙인다' 혹은 '고쳐준다'는 뜻)'로 보이지." 그렇게 해서 헌터 애덤스는 패치 애덤스가 되었다.

패치가 루디의 문제를 풀어줄 수 있었던 것도 '남이 보지 않는 것을 보라'는 아서의 조언 덕분이었는지도 모른다. 정상인 자신에게 보이는 세상을 고집하지 않고 정신분열증 환자인 루디가 보는 세상에 뛰어들겠다는 생각을 했으니 말이다. "손가락을 보지 말고 손가락을 넘어서 보라"는 조언도 패치의 마음을 넓혀주는 데 일조했을 것이다. 아서의 조언대로 루디를 정신병자로만 보는 병원사람들과는 다른 시각으로 루디를 보게 되자 전혀 다른 해결책이 영감처럼 떠올랐던 것이다.

패치는 루디가 화장실에 가도록 도와주었던 그날 밤 사건을 통해서 오히려 자신이 루디에게 도움을 받았다는 생각이 들었다. 패치는 그동안 세상과 자신이 격리되어 있는 듯한 느낌 때문에 우울증까지 앓고 있었다. 그런데 자신과 전혀 다른 세계에 있는 사람과 연결되는 경험을 하면서 그동안 영혼을 무겁게 짓누르던 우울증으로부터 해방되었다는 느낌이 들었다. 난생처음이었다. 그러한 느낌을 앞으로 더 자주 느끼고 싶어서 패치는 남은 생애는 다른 사람들을 도우면서 살고 싶다는 새로운 꿈도 가지게 되었다.

다음 날 패치는 담당 의사를 찾아가서 퇴원하겠다고 말했다. 의사는 아직 치료가 더 필요하다고 했지만 패치는 의사의 허락이 없어도 퇴원할 수 있다는 것을 알았기에 제 발로 병원을 나왔다. 그로부터 2년 후 패치는 의과대학에 들어갔다. 의사가 되어 환자들을 인간적으로 대해주는 병원을 세우겠다는 꿈을 실천하기 위해서였다. 훗날 그가 병원을 짓기 위한 재정 지원이 필요하게 되었을 때 흔쾌히 지원해준 사람은 다름 아닌 아서 멘델슨이었다. 정신병원에서 만난 친구들을 통해서 병도 고치고 꿈을 이루고자 할 때는 재정적인 도움까지 받게 되었으니, 인생의 여정이란 어디에서 누군가로부터 어떤 영향을 받게 될지 정말 알 수 없는 것이다.

사람 관계 수업

암울한 현실은
'암울하게 보이는' 현실일 뿐이다

사람은 눈에 보이는 현실을 그대로 믿고 받아들인다. 현실이 암울하면 두려워하고 우울해하고, 현실이 밝으면 의욕이 생겨 더 열심히 일하고자 한다. 하지만 '암울한 현실'이란 보다 정확하게 표현하면 '암울하게 보이는' 현실이다. 마찬가지로 '밝은 현실'은 '밝게 보이는' 현실이다. 두 사람이 같은 상황에 처해도 한 사람은 암울한 현실로 인식하고, 다른 한 사람은 밝은 현실로 인식할 수 있다. 우리 감정은 주변 환경이 만들어내는 것이 아니라 각자 자신의 눈에 비친 현실의 산물인 것이다. 내가 지금 이 순간 현실로 인식하고 있는 것은 내가 보는 주관적인 현실일 뿐이다.

눈에 비친 현실, 즉 '지각된 현실(perceived reality)'이 어떻게 형성되는지 한번 살펴보자. 이 과정은 몇 가지 단계로 나뉜다. 사람은 우선 외부에서 들어오는 자극을 감지한다. 이는 사람의 시각, 청각, 후각, 촉각, 미각, 즉 오감을 통해서 이루어진다. 이 다섯 가지 감각기관을 통해 인지된 환경이 현실이 된다. 그런데 외부 환경에서 들어오는 자극을 인지할 때 있는 그대로가 아니라 선별적으로 받아들인다. 사람의 인지 능력에 한계가 있기 때문이기도 하고 무의식적으로 받아들이고 싶은 자극들만 받아들이기 때문이기도 하다. 이때 어떤 자극을 걸러내고 어떤 자극을 받아들일지는 개인의 성격, 배경, 감정 상태 등에 따라 달라진다. 그러므로 같은 환경에 처한 사람이라도 그 현실을 똑같이 인식할 수 없는 것은 당연한 일이다.

외부로부터 선별되어 들어온 자극은 우리 마음속에서 무의식적으로 재구성된다. 이 과정 또한 개인별로 차이가 난다. 예를 들어 백지상태에 점들이 무작위로 찍혀 있는 이미지를 사람들에게 보여주면 저마다 서로 다른 이미지를 떠올린다. 어떤 이는 달마시안 개를 떠올리고 다른 이는 나무로 생각하기도 한다. 같은 이미지가 제각기 다른 형상으로 해석되는 것은 인지를 통해 들어온 외부 자극이 각자의 마음속에서 재구성되어 해석되기 때문이다. 그리고 이렇게 인식된 현실에 대한 반응으로 행동과 감정이 나오게 된다.

마리아가 어떤 수녀의 눈에는 악마로 보이는가 하면, 다른 수녀의 눈에는 천사로 보였던 것도 이렇듯 같은 상황을 다르게 인식하는 것과 같은 이치다. 마리아를 대할 때의 행동과 태도 역시 저마다 자신의 눈에 보이는 마리아라는 현실이 어떤가에 따라 다를 수밖에 없다. 이럴 때 누구의 이야기를 믿어야 할 것인가. 원장 수녀는 두 수녀가 마리아에 대해서 상반된 판단을 하면서 서로 자신이 본 것이 옳다며 자기주장을 펼치자, "마리아는 소녀일 뿐"이라며 논쟁을 정리했다.

위의 그림을 보자. 하나의 이미지임에도 불구하고 보는 사람에 따라 어떤 사람은 젊고 아리따운 여인의 모습이라 하고, 어떤 사람은 늙고 흉한 마귀할멈의 모습이라고 말할 것이다. 당신 눈에는 무엇이 보이는가. 조직생활에서도 같은 사람을 놓고 정반대 평가가 나오는 경우가 종종 있다. 이는 그 사람 자체보다 그를 평가하는 이들의 관점이 각기 다르기 때문에 발생하는 현상이다.

리더는 사람을 판단할 때 공정성과 객관성을 잃지 않아야 한다. 그런데 불행하게도 우리나라 조직의 현실은 그렇지 못한 경우가 많다. 관계 중심의 조직문화가 지배적인 탓에 사람의 능력보다는 자신과 관계가 좋은지 아닌지로 평가하는 경우가 많기 때문이다. 내 편인 사람은 긍정적으로 보고 내 편이 아닌 사람은 부정적으로 보는 경향이 짙다. 사람을 판단할 때는 공정하게 판단할 수 있는 위치에 있는 사람들의 의견을 포함해서, 360도 평가의 원리에 따라 다양한 각도에서 그 사람에 대해 이루어진 평가를 종합적으로 참고해야 객관성을 확보할 수 있다. 또한 사람을 평가할 때는 자신이 은연중에 가졌을지도 모를 편견을 배제하는 통제력을 갖춰야 공정성을 확보할 수 있다.

현실 인식의 오류

루디의 눈에는 다람쥐가 보였다. 우리도 루디처럼 누군가의 눈에는 보이지 않는 것이 보일 때가 있지 않나? 아래 그림을 들여다보자.

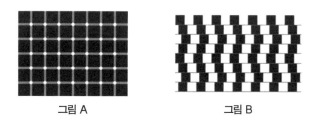

그림 A   그림 B

그림 A를 가만히 들여다보고 있으면 하얀 선들이 만난 곳에 검은 점들이 나타났다 없어졌다 한다. 물론 그림 속에 점들은 없다. 우리 눈에 그렇게 보일 뿐이다. 우리는 루디가 다람쥐가 보인다며 무서워하는 것을 그가 정신분열증을 앓고 있는 환자이기 때문이라고 생각한다. 그러나 '정상'인 우리도 허상을 보는 것에서 자유롭지 못하다. 정도의 차이가 있을 뿐이다.

우리가 알고 있는 현실이 틀렸다는 증거는 무수히 많다. 그만큼 우리의 인식 능력은 허점투성이다. 다만 우리는 그것을 모르고 지내거나 은연중에 무시하면서 살 뿐이다.

너무나 확연하게 드러나는 오류 중 하나를 더 소개하면, 그림 B를 볼 때 나타나는 현상과 같다. 이 그림 속의 선들은 지그재그 식으로 삐뚤어져 보인다. 그러나 자를 대고 한 줄 한 줄 살펴보면 이 선들은 모두 평행선임을 알 수 있다. 선들의 배경인 흑과 백의 공간 조합이 우리 눈을 속인 결과다.

　마찬가지로 사람에 대한 평가를 할 때 그 사람을 있는 그대로 보려 해도 알게 모르게 방해하는 여러 종류의 '소음들', 즉 심리적·사회적·구조적 장애물들 때문에 잘못된 평가를 하는 경우가 종종 있다. 소음이란 상대방에 대한 공정한 판단을 흐리게 하는 것들이다. 증오 같은 강력한 감정, 뒷소문, 편견, 고정관념, 나와 상대방과의 인간적 관계 등을 의미한다.

　일본의 한 은행은 컨설팅업체로부터 사내 조직문화에 대한 컨설팅을 받았다. 그 결과 하위직 여직원들이 뒷소문을 퍼뜨려 자신들의 상사에 대한 평판에 영향을 끼치려 한다는 사실이 밝혀졌다.

　이러한 소음을 없애는 것은 현실적으로 불가능하겠지만 적어도 이런 소음이 평가에 영향을 끼친다는 사실을 인식하고 특정 사람을 평가할 때는 그 소음에 영향을 받지 않도록 주의를 기울여야 한다.

　　　　　　　　　　　　　　　　　　사람 관계 수업

자신의 판단이 틀렸음을 인정하지 않는 이유

중국의 어느 대학교 MBA 프로그램에서 강의를 할 기회가 있었다. 중국 학생들이 다른 나라 사람들에게 가진 이미지에 대해서 토론하는 시간이었다. "한국 사람에 대해 어떤 이미지가 떠오르는가?" 하고 질문을 던졌다. 한 학생이 손을 들더니 말했다. "한국 여자들은 모두 성형수술을 받았다고 하던데 사실입니까?"

아무리 대한민국의 성형수술이 발전했고 성형이 보편화되어 있다고 해도 어떻게 중국 남학생이 '한국 여자들은 대부분 성형수술을 받았다'라는 단정적인 생각까지 하게 되었을까. 일견 다른 나라 여자들에 대한 부당한 편견이자 차별적인 사고방식을 가졌다는 생각을 했다.

이처럼 '한국 여자들은 어떻다'라는 식으로 단편적인 사실을 보편화시켜서 판단하는 것을 '스테레오타이핑(stereotyping)'이라고 한다. 스테레오타입(stereotype)은 본래 인쇄소에서 출력할 때 사용하는 원통을 가리킨다. 쇠로 만들어진 원통을 인쇄기에 붙이고 잉크를 묻혀서 돌리면 계속 같은 이미지를 종이에 찍어낼 수 있다. 이와 마찬가지로 사람마다 갖고 있는 독특한 특성을 무시하고, 그 사람의 인종, 나라, 성별, 직업, 나이, 학벌, 출신지 같은 특성을 무차별적으로 적용해서 '흑인은 다 그렇다', '여자들은 다 그렇다', '나이 든 사람들은 다 그렇다' 하는 식으로 판단하는 경우가 바로 스테레오타이핑, 즉 고정관념이다. 특히 사람들은 자신과 다른 그룹에 속한 사람들에게 이런 고정관념을 형성하는 경우가 많다. 그리고 이렇게 획일적인 판단을 하는 과정에서 상대방에 대해 잘못된 편견(prejudice)이 생겨난다.

우리나라 사람들도 알게 모르게 외국 사람들에 대한 고정관념을 많이 가지고 있다. '중국 사람은 시끄럽다', '일본 사람은 깍쟁이다' 하는 식이 그 예다. 편견은 상대방을 실제로 만나보기도 전에 그 사람에 대해 형성된 잘못된 생각을 일컫는 말이고, 고정관념은 개인별 차이를 무시한 채 그 사람이 속해 있는 그룹의 특성을 모든 개인에게 동일하게 적용하는 것을 의미한다. 그러나 우리말 중 '고정관념에서 벗어나라'는 표현은 조금 다른 의미로 쓰인다. 그룹의 특성을 개인에게 적용시키는 스테레오타입이 아니라 일반적으로 변하지 않는 생각을 의미하기 때문이다. 이론적으로는 스테레오타이핑의 결과로 편견이 형성되는 인과관계라고 할 수 있지만, 현실에서는 대부분의 사람들이 이 두 가지 개념을 따로 구분하지 않고 쓴다. 그리고 이런 편견과 고정관념은 대개 긍정적인 이미지보다는 부정적인 이미지가 많다. 이는 자민족중심주의의 발로이기도 하다. 이러한 편견은 어느 나라 사람이든 다 갖고 있으며, 개개인에 대해서도 발현된다.

편견과 고정관념의 덫

편견에서 자유로운 사람은 없다. 편견 없는 사람이 되고 싶어 하지만 현실적으로 불가능하다. 이는 사람의 선하지 못한 측면 때문이기도 하지만 한편으로는 세상을 인지하는 우리의 인지 능력 자체가 불완전하기 때문이기도 하다. 그러다 보니 자신이 받아들인 몇 가지를 일반화하는 오류를 범한다. 특히 사람을 판단할 때 그 사람에 대해 내가 아는 몇 가지 특성만을 확대시키거나, 자신이 잘 몰랐던 부분은 알게 되더라도 누락시킨 후 판단한다. 결국 내가 보는 상대의 이미지는 있는 그대로의 이미지가 아니라 나만의 오감을 거치는 동안 편집된 이미지인 것이다.

남아프리카공화국에서 평생을 바쳐서 흑인에 대한 차별에 항거해 싸우고 감옥에 30년 가까이 갇혔던 넬슨 만델라. 그는 훗날 남아프리카공화국 대통령으로 선출된 뒤 자신을 그렇게도 핍박했던 백인들에게 복수하는 대신 감싸안음으로써 진정한 화합을 이루었고 그 공로로 노벨평화상까지 받았다. 그런데 그가 자신의 자서전에 쉽지 않은 고백을 했다.

어느 날 비행기를 탔는데 조종사가 백인이 아니라 흑인이라는 사실을 알고는 순간적으로 비행기가 추락이라도 하면 어쩌나 하는 두려움이 잠시 마음을 스쳐 지나갔다는 것이다. 그리고는 잠시 후에 흑인에 대한 인종차별에 맞서 평생 몸 바쳐 싸웠던 자신의 마음속에도 흑인에 대한 차별의식이 있다는 것을 깨닫고 놀랐다는 고백이었다. 넬슨 만델라의 훌륭한 점은 자신 안에 이러한 생각이 있다는 것을 인식할 줄 알고, 또 그것을 솔직하게 이야기하는 용기가 있었다는 사실이다. 사람들은 마치 자신은 편견이 없는 사람인 듯 착각을 하거나, 그 편견을 인정하고 고백하는 대신 어떻게든 다른 사람들이 눈치채지 못하도록 숨기려고 애쓴다.

중요한 것은 사람은 누구나 편견이나 고정관념을 가질 수밖에 없는 존재임을 인정하고 이를 보다 유용한 방향으로 활용하는 것이다. 사실 고정관념은 어떻게 쓰느냐에 따라 유용한 도구가 될 수도 있다. 가령 외국에 나갈 때 상대방 나라에 대한 직접적인 경험이 없어 막막할 때는 '그 나라 사람들은 어떻다'라는 고정관념을 참고하면 적어도 오해를 받거나 불이익을 당하는 경우를 줄일 수 있다.

예를 들어 '미국 사람들은 개인주의적이다'라고 하자. 물론 이는 고정관념이다. 미국 사람들 중에는 개인주의자가 아닌 사람들도 있다. 하지만 개인주의자들은 프라이버시를 유달리 중시한다는 점을 감안해서 우리나라에서 흔히 질문하는 나이나 결혼 상태 등을 미국인들에게는 함부로 묻지 않는다면 적어도 무례하다는 첫인상을 피할 수 있다. 그러므로 외국인과 함께 일하게 될 때 그 나라 사람들에 대한 고정관념을 일반적인 가이드라인으로 사용할 수 있다. 그러고는 그 사람과 접촉의 횟수가 늘어날수록 개인적 특성을 파악해서 처음에 가졌던 고정관념을 계속 고쳐나갈 수 있다면 가장 이상적이다.

후광 효과와 뿔 효과

상대방에게 가진 편견이 지나칠 정도로 긍정적이거나 부정적일 경우가 있다. 한두 가지 장점만으로 그 사람의 모든 것을 다 좋게 평가하는 현상은 '후광 효과(halo effect)', 반대로 한두 가지 나쁜 점으로 그 사람 자체를 나쁘게 평가하는 것은 '뿔 효과(horn effect)'라고 한다. 사람은 모두 불완전한 존재이기 때문에 훌륭해 보이는 사람에게도 단점이 있게 마련이고, 반대로 아무리 밉고 싫은 사람이더라도 자신만의 장점이 있게 마련이다. 다만 우리의 인지 오류 때문에 보지 못할 뿐이다.

후광(halo)은 기독교의 개념이다. 옛날 기독교의 그림들을 보면 성인이나 천사를 묘사할 때 보통 사람들과 구분해서 그들의 머리 뒤에 빛을 발하는 동그란 후광을 그려놓은 것을 볼 수 있다. 이처럼 후광을 지닌 사람에게는 결점이 하나도 없어 보인다. 모든 것이 다 좋아 보인다.

반대로 뿔은 악마의 상징이다. 악마는 나쁜 존재일 뿐이다. 자신이 싫어하는 사람이나 자신과 반대편에 있는 사람에 대해서는 이들이 가진 몇 가지 단점만으로 '나쁜 사람'으로 간주해 악마시하는 경향이 있다.

인간은 누구나 편견에서 자유롭지 못한 존재임을 알게 된 이상 사람을 평가할 때는 이런 극단적인 평가 잣대에 휘둘리지 않도록 주의를 기울여야 한다.

진실은 그것을 아는 사람 수만큼 다양하다

오래전 미국의 〈포춘〉지가 선정한 500대 기업 중 하나인 벤딕스(Bendix)에서 있었던 일이다. 하버드대학교 MBA 출신인 매리 커닝햄이 사장의 비서로 채용되었다. 당시 그녀는 20대 후반이었다. 사장인 윌리엄 에이지와 그녀는 사장과 비서 사이다 보니 같이 있는 시간이 많았고 회사 일로 함께 출장도 자주 다녔다. 그런데 커닝햄이 입사한 지 1년이 채 지나지 않았을 때 그녀는 홍보 담당 부사장으로 승진을 했다. 상당히 파격적인 초고속 승진이었다. 이로써 커닝햄은 〈포춘〉이 선정한 500대 기업 중 최연소 여성 임원이라는 기록을 갖게 되었다. 몇 달 후 커닝햄은 다시 한 번 승진했다. 이번에는 전략 담당 부사장이었다. 이는 부사장급 중에서도 가장 높은 자리로 사장 다음가는 2인자 자리였다.

　일이 이렇게 되자 회사 안에서 커닝햄의 초고속 승진에 반발하는 목소리가 커져갔다. 특히 어느 부사장은 커닝햄이 자신을 제치고 먼저 승진하자 부당한 인사라고 주장하며 사표를 던지기도 했다. 이들이 부당하다고 주장한 근거는 '전례가 없을 정도로 초고속 승진을 한 것으로 봐서 사장과 부적절한 관계일 것'이라는 추측이었다. 두 사람 사이에 정말로 스캔들이 있었는지는 알 수 없었다. 추측일 뿐이었다. 하지만 회사의 현실은 그렇게 단순하지가 않았다. 일부 사람들 눈에는 커닝햄의 승진이 사장 에이지와의 스캔들 덕이라고 여길 만도 했으니 커닝햄과 에이지에 대한 반발도 예견된 일이었다.

정반대의 시각도 있었다. 커닝햄의 승진은 본인 능력 덕분이라는 것이다. 비서로서 사장 가까이서 일하니 사장 눈에 탁월한 능력이 더 잘 띄었을 것이고, 사장은 그녀의 능력에 걸맞은 승진 인사를 단행했다는 것이다. 이들은 '만약에 커닝햄이 여자가 아니라 남자였어도 그렇게 생각을 했겠느냐?'라면서 여자의 고속 승진에 대한 남자들의 편견을 질타했다.

이 문제로 회사의 내부 갈등이 너무 커지자 결국 이사회가 개입했다. 이사들은 커닝햄이 회사를 떠나는 것이 문제 해결에 가장 좋은 방법이라 판단하고 커닝햄에게 사퇴를 권고했다. 그녀는 결국 회사로부터 충분한 보상을 받고 벤딕스를 떠났다. 그리고 곧바로 다른 회사에 취직했다. 역시 〈포춘〉이 선정한 500대 기업 중 하나인 캐나다 회사 시그램(Seagram)에서 커닝햄을 전략 담당 부사장으로 영입한 것이다. 이로써 커닝햄의 능력은 충분히 입증되었다. 그런데 이야기는 여기서 끝나지 않는다. 그로부터 얼마 후 벤딕스 사장 에이지의 결혼생활은 파경을 맞았고, 그는 부인과 이혼하고 난 후 매리 커닝햄과 결혼했다.

귀속성의 오류

다소 극적이고 예외적인 사례긴 하지만 이 사건이 전개되는 과정을 분석해보면, 사람들은 '하버드 MBA 출신 젊은 여성의 초고속 승진'이라는 결과에 대해 그 원인이 무엇인지 열심히 찾는 경향이 있다는 사실을 알 수 있다. 이처럼 특정 결과를 두고 수많은 원인 중 특정 원인을 결과에 귀속시켜서 믿는 행동을 '귀인(attribution)'이라고 한다. 어떤 결과를 '누구의 탓으로 돌리는 행동'이 바로 귀속성이다.

커닝햄의 파격적 승진을 두고 일부 사람들은 원인을 그녀의 내적인 요인에서 찾았다. 그녀가 그럴 만한 능력이 있어서 성공했다고 보는 것이다. 이처럼 어떤 사람의 행동이나 성과의 원인을 그 사람의 내적 요인에서 찾는 것을 '내적 귀속성'이라고 한다. 반대로 사장과의 스캔들로 본 사람들은 커닝햄이 승진한 이유가 그녀의 외부에 있다고 보았다. 즉, 그녀를 편애하는 사장 덕분에 승진했다고 보는 것인데 이를 '외적 귀속성'이라고 한다.

귀속성은 인과관계를 찾는다는 점에서 과학적 분석과 비슷한 점이 있지만 과정은 과학적 분석과 정반대다. 과학은 원인을 통제해서 결과를 예측하는 과정인 반면에 귀속성은 결과를 보고 거꾸로 원인을 추론한다. 시간의 흐름을 놓고 본다면 과학적 분석은 미래지향적이고, 귀속성은 과거지향적이다. 과학은 실험을 통해서 어떻게 A가 B가 되는지 증명하는 과정을 반드시 거친다. 이 과정을 거치지 않고는 A와 B 사이의 인과관계를 믿지 않는 것이 원칙이다. 하지만 귀속성은 객관적인 분석을 하는 것이 아니라, 이미 마음속에 있는 B는 A에서 비롯된다는 주관적인 믿음을 그대로 표현하는 것이다. 다시 말해서 귀속성은 '자신의 눈에 보이는 인과관계'라고 이야기할 수 있다. 그러다 보니 판단에 오류가 생길 가능성이 크다. 여러 가지 오류의 가능성 중에서 가장 흔하면서도 중요한 오류를 꼽으라고 한다면 자기중심 편향(self-serving bias)과 근본적 귀인 오류(fundamental attribution error) 두 가지가 있다.

이 두 가지 개념은 서로 연관이 있고 비슷한 현상으로 나타나는 경우가 많아서 구별 짓기 어렵다. 이론적으로 구분을 하자면 자기중심 편향은 내 성과의 결과(성공 및 실패)에 따라 비일관적인 귀납을 하는 오류이며, 근본적 귀인 오류는 성과가 아니라 똑같은 행동의 주체가 나인지 상대방인지에 따라 비일관적인 귀납을 하는 오류로 구분된다.

° 자기중심 편향

대부분의 사람은 성공하면 자신의 능력과 노력 덕이라 여기고, 실패하면 남이나 환경 탓을 하는 경향이 있다. 이런 현상은 특히 개인주의 성향이 강한 서양에서 많이 나타난다. 다만 집단주의 성향이 강한 우리 문화에서는 노골적으로 이런 편견을 보이면 다른 사람들에게 비난을 받을 수 있기 때문에 마음속으로는 그렇게 생각하더라도 겉으로는 드러내지 않거나 우회적으로 표현하는 경향이 강하다. 실제로 일부 연구 결과에 의하면, 우리나라를 포함한 아시아 문화권에서는 실패를 자신의 탓으로 돌려 책임지려는 경향이 강한 편이다. 이러한 현상은 자기

중심 편향의 반대 개념인 '겸손 편향(modest bias)'이라고 표현한다.

°근본적 귀인 오류

똑같은 행동도 남이 하면 그 사람의 내적 요인에서 비롯된 것으로 보면서 내가 하면 외적 요인에서 비롯된 것으로 보는 경향을 근본적 귀인 오류라고 한다. 즉, 직원이 지각을 하면 '준비성이 모자란 게으른 사람'으로 간주하면서도, 자신이 지각을 하면 날씨와 교통체증 같은 외부적 요인으로 탓을 돌리는 것이다. 똑같은 결과에 대해 내가 했느냐 남이 했느냐에 따라 각각 다른 데서 원인을 찾는 것은 모순된 행동이기 때문에 이러한 행동을 귀속성의 오류로 본다.

이 오류는 종종 사람들 사이에 갈등을 격화시키는 원인이 되기도 한다. 두 사람이 다툼을 하다가 감정이 격해져서 서로 욕을 했다고 하자. 이런 경우에 욕을 하는 상대방을 보고는 "얼마나 성격이 나쁘고 몰상식하면 감히 나에게 욕을 해대느냐?"라고 한다. 그러나 자신이 욕을 하는 경우에는 "얼마나 기가 막히고 참기 힘들었으면 내가 욕을 했겠느냐?"라고 한다. 똑같이 욕을 한 행동에 대해서 상대방은 그 사람의 인격과 성질 탓이요, 자신이 욕을 한 것은 순전히 상대방 탓으로 돌리는 모순적인 행동은 우리의 일상생활에서 흔히 발견할 수 있는 오류다.

'내가 보는 나'와 '남들이 보는 나'의 차이

사람은 자기 눈에 보이는 대로 받아들이는 존재다. 사람들은 대부분 자신이 인지하는 현실이 진실이고 또 절대적이라고 믿으면서 그 믿음에 따라 감정을 느끼고 행동한다. 부하직원, 동료, 상사 등 같이 일하는 사람들이나 직무와 회사가 내 눈에 어떻게 비치느냐에 따라, 또 내가 나 자신을 어떻게 보느냐에 따라 회사 안에서 어떻게 행동할지를 선택한다. 이런 점에서 인간의 '인식(perception)'은 사람의 행동을 이해하는 데 아주 중요한 변수다. 이제 지금까지의 논의를 바탕으로 인식이 인간관계에 던져주는 시사점을 살펴보자.

첫 번째 시사점은 직장생활과 관련한 것이다. 회사에서 나는 '내가 보는 나'가 아니라 '다른 사람들 눈에 비친 나 자신'이라는 사실을 기억해야 한다. 승진, 연봉 같은 의사결정이 이루어질 때 그런 의사결정을 하는 사람들 눈에 비친 나의 모습이 나의 연봉과 승진을 결정한다. 그런데 일반적으로는 내가 보고 판단하는 '나'와 다른 사람들이 보는 '나' 사이에는 차이가 있다. 이런 인식의 차이에서 갈등이 생겨난다. 그러므로 이런 차이는 당연한 것으로 인정하고 유연하게 대처해야 원만

한 조직생활을 해나갈 수 있다.

한편 다른 사람 눈에 비치는 나의 모습에 긍정적인 영향을 미치기 위해서는 이미지를 적극적으로 관리해야 한다. 보이는 것이 전부가 아니라고 하지만, 사람과의 관계에서 '보이는 것'은 나에 대한 타인의 인식에 결정적인 영향을 미치므로 절대 간과해서는 안 된다. 이처럼 타인의 눈에 비치는 자신의 이미지를 관리하는 행동을 '인상 관리(impression management)'라고 부른다.

인상 관리의 구체적인 예로는 부하직원이 자신의 상사에게 호의적인 이미지를 심기 위해 '아부 전략(ingratiation)'을 구사하는 경우를 들 수 있다. 상사와 자신의 비슷한 점(학벌, 고향, 군대 경험, 취미)들을 강조하거나, 일부러 도움이나 조언을 구하거나, 상사의 의견에 동조하거나, 때론 노골적인 아첨을 하기도 한다. 흥미로운 것은 일반적으로 아부 전략이 직장이나 커리어 성공에 도움을 주는 가장 효과적인 인상 관리 중 하나라는 것이다. 물론 지나칠 경우 상사로부터 진정성을 의심받게 되고, 이기적인 행동으로 여겨져서 동료와의 관계에 문제가 생길 수도 있다. 하지만 조직생활을 현명하게 해나가기 위해서 정도의 차이는 있을지언정 인상 관리는 필수다.

'조하리의 창'으로 갈등 줄이기

두 번째 시사점은 바로 인식의 오류를 완전히 없애는 것은 불가능하다는 점이다. 물론 줄일 수는 있다. 오류를 줄이기 위해서 가장 먼저 해야 할 일은 자신이 보는 세상이 완전한 것이 아니라는 사실을 인정하는 일이다. 일반적으로 사람은 자신의 눈에 비친 세상이 맞고, 다른 사람이 나와는 다르게 세상을 본다면 그것은 틀렸다고 생각한다. 이렇게 단정 지으면 인식의 오류는 줄일 수 없다. 나의 인식이 틀릴 수 있다는 점을 겸손하게 인정할 때 오류를 줄이는 방법도 모색할 수 있기 때문이다.

오류를 줄이는 방법 중 하나는 다른 사람 입장에서 현실을 보는 것이다. 남자는 여자의 입장에서, 여자는 남자의 입장에서, 상사는 부하직원의 입장에서, 부하직원은 상사의 입장에서 현실을 본다면 어떻게 될까? 아마도 지금 겪고 있는 갈등 중 상당 부분은 해결될 것이다. 영어 표현 중에 '다른 사람의 신발을 신어본다(put yourself in his/her shoes)'라는 말이 있는데, 다른 사람의 신발을 신어보려면 먼저 자신의 신발을 벗어야 한다.

또 다른 효과적인 방법은 '조하리의 창(Johari's Window)'을 들 수 있다. 자신에 관해서 내가 아는 부분과 모르는 부분, 그리고 상대방이 아는 부분과 모르는 부분, 이렇게 네 부분으로 나눈다. 나도 알고 상대방도 아는 부분은 '열린(open) 창', 나는 알고 상대방은 모르는 부분은 '숨겨진(hidden) 창,' 나는 모르지만 상대방이 아는 부분은 '보이지 않는(blind) 창,' 그리고 나도 모르고 상대방도 모르는 부분은 아무도 알 수 없는 부분이니 '미지의(unknown) 창' 즉, 오직 신만 아는 부분이라고 할 수 있다. 여기서 문제가 되는 것은 '보이지 않는 창'과 '숨겨진 창'이다. 중요한 것은

사람 관계 수업

이 두 부분이 크면 클수록 두 사람 사이에 갈등의 소지가 많아진다는 것이다.

자신이 아는 부분　　　　자신이 모르는 부분

다른
사람이
아는
부분　　　열린 창　　　　보이지 않는 창
　　　　(Open area)　　　　(Blind area)

다른
사람이
모르는
부분　　　숨겨진 창　　　　미지의 창
　　　　(Hidden area)　　　(Unknown area)

조하리의 창

　관건은 어떻게 하면 '보이지 않는 창'과 '숨겨진 창'을 줄이고 '열린 창'을 넓힐 수 있는가 하는 점이다. 해법은 간단하다. '보이지 않는 창' 을 줄이려면 상대방이 나에게 가진 솔직한 생각을 들어보면 된다. 이를 '피드백'이라고 한다. '숨겨진 창'을 줄이는 방법은 나에 관한 이야기를 상대방에게 해주면 된다. 이를 '드러내기(disclosure)'라고 한다. 이 두가지 소통법을 적극적으로 활용하면 인식의 오류를 많이 줄일 수 있다. 진솔한 커뮤니케이션이 그래서 중요하다.

　세 번째 시사점은 동일한 상황을 두고도 그것을 받아들이는 사람의 인식에 따라 그 해석이 달라진다는 점이다. 매리 커닝햄의 초고속 승진과 관련해서 회사 안에서 의견이 둘로 갈렸던 사례는 인식의 상대성을 잘 보여준다. 문제는 자신의 인식이 절대적이라고 믿을 때 발생한다. 이때 자신의 인식이 상대적일 수 있다는 유연성을 갖는다면 갈등은 줄어들 것이다. 그렇기 때문에 '유연성'이 사람을 효과적으로 다루는 능력 중 중요한 요소인 것이다. 사실 조직 내의 현실뿐 아니라 일상의 현실도 상대적이다. 철학자 중에는 우리의 현실 감각이 상대적이라는 것을 간파한 사람들이 있었다. '사람이 나비가 된 꿈을 꾼 것인지 혹은 나비가 사람이 된 꿈을 꾸고 있는 건지 모르겠다'라는 장자의 호접지몽胡蝶之夢 이야기는 현실의 상대성을 아주 명쾌하게 잘 표현하고 있다.

네 번째 시사점은 인식은 관리될 수 있다는 점이다. 영화 〈패치 애덤스〉에서 루디를 도왔던 패치는 자신이 보는 현실이 절대적이라고 생각하는 대신 루디의 입장에서 상황을 인식했기에 문제를 해결할 수 있었다. 다른 사람의 인식을 내가 고치려는 것은 성격을 바꾸려고 하는 것만큼이나 불가능한 일이다. 하지만 나의 인식을 바꾸는 일은 쉽지는 않겠지만 불가능한 일은 아니다.

디즈니랜드는 직원들이 자신의 일과 회사에 대해 긍정적인 인식을 갖게 하려고 상당한 노력을 기울이는 회사다. 디즈니랜드에서는 직원들이 입는 옷을 '무대의상', 직원을 '배우', 쉬는 시간을 마치고 다시 일하러 가는 것을 '무대 위로 오른다'라고 하면서 그들만의 특별한 언어를 사용한다. 이는 디즈니랜드를 거대한 무대로 인식하게 하고, 직원들은 무대 위에서 자기의 역할에 맞게 공연하는 배우라는 인식을 심어 줌으로써 자신의 일을 더 즐기면서 할 수 있도록 동기부여를 한 것이다. 이처럼 회사가 직원을, 직원이 회사를 인식하는 틀을 깨려는 무형의 노력은 직원들의 동기부여와 성과 달성에 지대한 영향을 미치는 고효율의 경영방식이다.

성공과 실패를 가르는 결정적 차이

위기를 '위협'으로 볼 것인지 '기회'로 볼 것인지는 결국 보는 사람의 선택이다. 현실적으로 사람들은 위기를 위협으로 받아들인다. 그러나 소수의 사람들에게는 이를 기회로 볼 수 있는 능력이 있다. 위기로 보느냐 기회로 보느냐에 따라 우리의 반응은 달라진다. 그리고 달라진 반응은 운명도 가른다.

존경받는 위인들 중에는 신체적 불구를 극복하고 위대한 업적을 이루었거나, 누가 봐도 좌절할 수밖에 없는 상황에서도 노력을 멈추지 않아 끝내 목표를 이루어낸 사람들이 있다. 이들은 자신에게 닥친 부정적 현실을 '할 수 없는 것'이 아니라 '해내야 할 것'이라고 관점을 바꾼 사람들이다. 이처럼 인식의 차이는 인간관계를 바꾸고, 성과의 방향도 좌지우지하는 중요한 차이다.

3장
원하는 것을 이루는 힘은 어떻게 만드나

영화 〈쿵푸 팬더〉 속 '포'를 용의 전사로 만든 건 '만두'였다.
쉬푸 사부는 포의 식탐을 활용해 그의 능력을 최대치로 끌어올렸다.
사람은 누구나 자신만의 '채워지지 않는 결핍'이 있다.
그 결핍이 바로 최고의 모티베이션이다.

무인도에 홀로 남겨진
남자에게 필요한 것은 무엇일까?

비행기 추락 사고로 '척'은
무인도에 혼자 남게 된다.

-영화 〈캐스트 어웨이〉 중에서-

살아남기 위해
사냥을 하고
불을 피우고

집을 짓고

암벽에
날짜를 표시하고

그가 가장 힘든 건
외로움이었다.

어느 날 표류해온
배구공을 발견한 '척'

그는 윌슨과 사회적 교감을 나누게 된다.

"안녕 윌슨
오늘은 뭘 할까?"

드디어 뗏목을 만들어
무인도를 떠나면서
윌슨을 소중히 태우는데

거친 파도를 만나
뗏목은 뒤집히고
윌슨을 구하지 못했다.

대성통곡하는 '척'
모든 걸 잃어버린 듯
고통스러워한다.

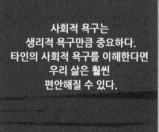

사회적 욕구는
생리적 욕구만큼 중요하다.
타인의 사회적 욕구를 이해한다면
우리 삶은 훨씬
편안해질 수 있다.

불가능을 '가능하게' 하는 방법이 있다

영화 〈쿵푸 팬더〉의 주인공 '포'는 성격이 명랑하고 느긋한 곰이다. 그리고 포의 아버지 '크레인'은 식당을 운영하는 학鶴이다. 어느 날 식당에 배달된 채소 상자 안에 갓난아기 포가 들어 있었다. 자식이 없던 크레인은 포의 탄생 비밀은 모른 채 친자식처럼 정성껏 키워왔다. 포는 아버지 식당 일을 도우면서 별다른 어려움 없이 자랐다. 크레인은 포가 어른이 되면 자기 음식점을 물려받아 대를 이어가리라고 기대했다.

포는 남달리 먹는 것을 즐겼다. 평상시에도 많이 먹는데 스트레스를 받으면 폭식을 하는 습관까지 있었다. 그런 포가 먹는 것만큼 좋아하는 것이 있었다. 바로 쿵푸였다. 포의 꿈은 엉뚱하게도 쿵푸의 대가가 되는 것이었다. 얼마나 바랐던지 꿈에서 쿵푸 고수가 되어 적들을 무찌르면서 통쾌해하다가 잠에서 깰 정도였다. 그러나 이런 꿈은 아버지에게도 말하지 않았다. 식당을 물려받으라는 아버지의 바람을 저버리기도 어렵고, 무엇보다 자신의 뚱뚱한 몸과 둔한 몸동작으로 쿵푸의 대가가 된다는 것은 불가능해 보였기 때문이다.

그러나 아주 가끔은 기막힌 운명의 장난 같은 일이 생기는 모양이다. 우연에 우연이 거듭되면서 포에게 그토록 꿈꿔오던 쿵푸 고수가 될 기회가 찾아왔다. 그것도 단순히 쿵푸 훈련을 받는 정도가 아니라, 현존하는 고수 중에 최고 고수인 '용의 전사'가 될 인물로 발탁된 것이다.

이 운명 같은 사건의 전말은 이렇다. 포가 살던 동네에 있는 높은 산 꼭대기에는 쿵푸의 본산인 '옥의 궁전'이 있었다. 그곳에는 스스로 비법을 터득해 쿵푸를 창시한 거북이 우그웨이 대사부와 붉은팬더 쉬푸 사부가 있었다. 쉬푸는 다섯 명의 제자(호랑이,뱀,학,원숭이,사마귀)를 키우고 있었는데 이들은 소위 '무적의 다섯 용사'라고 불리는 쿵푸의 고수들로 포에게는 경외의 대상이었다. 때가 되면 이 다섯 중 하나가 '용의 전사'로 선발될 거라고 모두들 알고 있었다.

'용의 전사'란 우그웨이 뒤를 이어서 쿵푸의 맥을 이어갈 존재로서 '용의 문서'를 읽어보는 것이 허락된 유일한 인물이었다. '용의 문서'는 쉬푸 사부조차 읽는 것이 허락되지 않은 쿵푸의 성전 같은 문서다. 우그웨이가 쓴 이 비서秘書를 읽고 최후의 권법을 깨친 진정한 무적의 고수가 되어야 장차 '타이렁'이라는 악당의 공격으로부터 마을을 구할 용의 전사가 될 수 있다.

느닷없이 용의 전사가 된 포

우그웨이가 용의 전사를 지목하고 선포하는 날, 마을 사람들이 옥의 궁전에 몰려와서 이 역사적인 선택의 순간을 지켜보고 있었다. 오매불망 그날만 기다리던 포도 서둘러 가기는 했지만, 산꼭대기까지 이어진 수많은 계단을 힘겹게 오르는 동안 다른 사람들은 모두 옥의 궁전에 들어갔고 용의 전사를 선발하는 경기도 벌써 시작해버렸다. 가까스로 궁전 앞에 도착했을 때 궁전의 문은 이미 굳게 닫힌 후였다. 그토록 기다리던 세기의 구경을 할 수 없게 되자 포는 허탈하고 당황했다. 그리고 어떻게 해서든지 경기를 보려고 갖가지 방법을 궁리했다. 그러던 중 꾀를 내어 폭죽을 한꺼번에 터뜨려 그 폭발하는 힘으로 하늘로 붕 떠올랐다가 경기장 한가운데로 떨어졌다. 바로 그때가 우그웨이의 손가락이 장래 용의 전사를 가리키던 순간이었다.

모두들 숨을 죽이고 과연 무적의 다섯 용사 중에서 누구를 지목하는가 바라보고 있었다. 그런데 엉뚱하게도 하늘에서 포가 떨어지면서 우그웨이의 손가락 끝이 포를 가리키게 된 것이다. 너무나 어처구니없는 결과에 다들 아연실색했지만 우그웨이는 "우연은 없다"라며 하늘이 선택한 용의 전사는 포라고 선포했다.

무적의 다섯 용사는 큰 충격과 허탈감을 느꼈다. 의도하진 않았지만 결과적으로 자신들의 자리를 빼앗은 포에게 적대적인 태도를 가질 수밖에 없었다. 그때까지 다섯 용사를 제자로 키워온 쉬푸 사부도 마찬가지였다. 대스승이자 지혜로운 사부 우그웨이의 선택이라 해도 포가 장래에 용의 전사가 될 인물이라는 말은 믿을 수가 없었다. 믿고 싶지 않았다. 연로한 우그웨이의 판단력이 흐려졌다고 생각했다. 하지만

사람 관계 수업

우그웨이의 결정을 번복할 수는 없으니 쉬푸는 포가 스스로 옥의 궁전을 나가게 만들기로 했다.

포 이야기가 남의 이야기 같지 않은 이유

포는 자신의 편은 아무도 없는 환경이었음에도 불구하고 의욕이 넘쳤다. 적어도 초반에는 그랬다. '용의 전사가 될 인물은 아무리 훈련이 힘들어도 중간에 포기하지 않는 법'이라고 스스로 독려했다. 쉬푸 사부가 자신을 쫓아낼 목적으로 일부러 모질게 훈련을 시켜도 불평하지 않았다. 자신의 체력과 실력으로는 감당하기 힘든 훈련이지만 무적의 다섯 용사를 따라잡기 위해서는 그들보다 더 많은 훈련을 해야 한다는 의욕에 차 있었다.

그러나 훈련이 거듭될수록 포는 실력이 늘기는커녕 자신의 무능함만 발견했다. 초반의 불같던 의욕은 점점 차가운 열등감으로 변해갔다. 틈만 나면 깔보고 무시하는 분위기에 스트레스도 만만치 않았다. 결국 포는 쿵푸를 포기한 채 무적의 다섯 용사에게 본인의 특기인 국수를 만들어주며 시간을 허비했다. 게다가 스트레스를 받으면 폭식하는 습관까지 되살아났다. 궁전에 들어오기 전보다 몸과 마음은 더 피폐해졌다.

포가 점점 나락의 길로 떨어지고 있음에도 불구하고 우그웨이의 포에 대한 믿음은 변함이 없었다. 그사이 감옥에 갇혀 있던 악당 타일렁이 탈옥해서 마을로 오고 있다는 소식이 전해졌다. 포가 언제쯤 용의 전사가 될지 기약이 없는 상황에서 마냥 기다릴 수만은 없었다. 그 와 중에 타일렁을 제압할 수 있는 능력을 가진 유일한 존재였던 우그웨이 대사부마저 세상을 떠난다. 대사부는 쉬푸 사부에게 "포를 용의 전사 로 만드는 것 외에는 아무런 대안이 없으니 포에 대한 믿음을 버리지 말라"라는 유언을 남겼다.

쉬푸는 우그웨이의 유언을 받들어 포를 다시 훈련시키고자 했다. 그 러나 문제는 포의 마음 자세였다. 이제까지 포의 의욕을 꺾는 것이 쉬 푸의 목적이었고 목적한 바대로 포는 의욕을 완전히 상실한 상태였다. 그런데 이제 상황이 반전되어 쉬푸 사부는 자포자기 상태에 있는 포 의 의욕을 되살려내야 하는 처지가 된 것이다.

다른 사람의 의욕을 꺾는 것은 쉬운 일이다. 하지만 한 번 꺾인 의 욕을 되살리는 일은 여간 어려운 일이 아니다. 이 어려운 일이 쉬푸 사 부의 발등에 떨어진 불이 되었다. 타일렁은 점점 가까이 다가오고 있 었고, 우그웨이는 세상을 떠났다. 대안은 포를 용의 전사로 만들어내 는 길밖에 없다. 과연 쉬푸 사부는 어떻게 포를 용의 전사로 만들 수 있을 것인가?

사람 관계 수업

평범한 사람도 비범한 행동을 하게 하는 힘

포를 용의 전사로 만드는 일은 과연 가능할까? 우그웨이 대사부를 제외한 누구도 포가 용의 전사가 될 수 있다고 믿지 않았다. 포 자신도 쉬푸 사부에게 훈련을 받으면서 실패를 거듭하고, 자신에 대한 쉬푸의 생각을 알게 된 후 점차 자신감을 잃었다. 결국 자신이 용의 전사가 될 수 있다는 가능성 자체를 완전히 부정하는 단계에 이르고 말았다. 포가 용의 전사가 된다는 예언은 있었지만, 그 예언이 이루어지려면 당장 포의 마음부터 바꿔야 했다. 이제야말로 진정한 '동기부여(motivation)'가 필요한 시기가 된 것이다.

동기부여란 '자발적으로 지속적인 노력을 기울이게 하는 심리적 에너지'라고 정의할 수 있다. 사람은 때로는 마음이 벅찰 정도로 의욕이 넘쳐서 아무리 힘든 장애물이 나타나도 극복하겠다고 노력을 기울이기도 하지만, 어떤 경우엔 의기소침해져서 작은 걸림돌에도 쉽게 좌절하고 아무것도 하고 싶지 않은 마음이 생기기도 한다.

사람 관계 수업

캐나다인들의 영웅이 된 청년 테리 폭스

지금부터 할 이야기는 캐나다 사람들이 가장 존경하는 인물 중 첫 번째로 꼽히는 사람에 관한 이야기다. 그는 크게 성공한 사업가도, 유명한 정치인도, 머리가 뛰어난 학자도 아니었다. 이름은 테리 폭스, 캐나다 서부에 있는 사이먼프레이저대학교에 다니던 20대 젊은이였다. 여느 젊은이와 마찬가지로 활동적이고 운동을 좋아했던 그는 어느 날 자동차 사고를 당했다. 다행히 크게 다치지는 않았지만 사고 이후에 왼쪽 다리에 통증을 느끼기 시작했다. 통증이 없어지지 않고 지속되자 병원을 찾았다. 그리고 암 진단을 받았다. 암을 발견했을 때는 이미 다리 전체에 암세포가 퍼져 치료가 불가능한 상태였다. 암세포의 전이를 막기 위해 의사는 암에 걸린 왼쪽 다리를 절단할 것을 권했다. 그렇게 해서 테리 폭스는 한쪽 다리를 잃게 되었다.

살기 위해서는 불가피한 조치였다지만 수술이 끝난 후 마취에서 깨어나 한쪽 다리가 없어진 자신의 몸을 보게 된다면 우리는 어떻게 반응할까? 특히 혈기 넘치는 20대 젊은이라면 수많은 꿈을 포기하고 평생 불구의 몸으로 살아야 한다는 생각에 심각한 자포자기 상태에 빠지지 않을까? 그러나 테리 폭스는 달랐다. 어떻게 하면 남은 한쪽 다리를 유용하게 쓸 수 있을지, 어떤 방법으로 자신이 사회에 공헌할 수 있을지를 생각했다. 그는 자신처럼 암으로 고생하는 다른 환자들을 도와야겠다는 생각을 했다. 그래서 암 연구기금을 모으는 데 힘을 보태기 위해 캐나다 대륙을 뛰어서 횡단하겠다는 계획을 세웠다.

세계에서 두 번째로 넓은 땅을 가진 캐나다. 동쪽 끝에서 서쪽 끝까지 9천 킬로미터가 넘는 멀고도 먼 길을 의족으로 뛰겠다는 그의 계획은 건장한 사람도 감히 도전하기 힘든 대장정이었다. 하지만 테리는 143일 동안 총 5,373킬로미터를 뛰었다. 그리고 암이 다시 도져 그대로 죽음을 맞이하게 된다. 그때 그의 나이가 23세였다. 그는 그렇게 캐나다 사람들의 영웅이 되었다. 평범한 청년이었던 테리는 어떻게 캐나다 사람들의 영웅이 될 수 있었을까. 무엇이 테리로 하여금 의족으로 광활한 조국의 대륙을 뛰어보겠다는 마음을 갖게 했을까. 그것은 바로 '모티베이션', 즉 동기부여의 힘이다. 이처럼 모티베이션은 평범한 사람으로 하여금 비범한 행동을 하게 만든다.

지극히 평범한 청년이던 테리가 캐나다인들의 존경을 받는 위대한 꿈을 행동으로 옮겼듯이, 포도 용의 전사가 될 수 있지 않을까? 문제는 자포자기한 포의 마음속에 어떻게 불같은 동기를 부여하느냐다. 암으로 한쪽 다리를 잃은 테리 폭스가 캐나다 대륙 횡단을 시도할 수 있었던 놀라운 의지는 육체의 힘이 아니라 마음의 힘이었다. 포의 문제도 그의 마음을 어떻게 움직이느냐에 달려 있는 것이다. 차가워진 그의 마음에 새로운 의욕의 불을 붙일 수만 있다면 우그웨이 대사부의 예언처럼 포 안에 숨어 있는 용의 전사를 밖으로 끌어내는 일도 불가능하지만은 않을 것이다.

포를 용의 전사로 만든 건 '만두'였다?

고민을 거듭하던 쉬푸는 우연한 기회에 포가 식탐이 많다는 것을 알게 되면서 문제 해결의 단초를 얻게 된다. 먹는 것을 싫어하는 사람은 없겠지만 포가 음식에 가진 애착은 남달랐다. 무엇을 먹고자 할 때는 평상시에는 볼 수 없던 능력을 포 자신도 모르게 발휘했다. 예를 들면 쉬푸가 포를 테스트하기 위해 키를 훌쩍 넘는 높은 선반 속에 과자가 숨겨져 있다고 하면, 포는 과자를 먹기 위해 단숨에 그 높은 곳에 올라가 양다리를 완벽하게 일자로 펼쳐 양쪽 난간에 걸친 채로 과자를 꺼내 먹었다.

훈련할 때는 아무리 야단쳐도 나오지 않던 능력과 열정이었다. 그제야 쉬푸 사부는 음식이 포에게 강력한 동기부여가 될 수 있다는 것을 깨닫고 이를 이용해서 포 안에 숨겨진 쿵푸의 잠재력을 끄집어내야겠다고 마음먹었다. 그래서 생각해낸 것이 '만두'였다. 쉬푸 사부는 포에게 훈련을 잘 마치면 '만두'를 먹게 해주겠다고 약속했다.

만두는 곧 '인센티브'다. 얼핏 단순한 아이디어처럼 보이지만 평상시 심각하고 엄격한 성품이었던 쉬푸가 만두를 인센티브로 활용할 생각을 하게 된 것은 가히 혁신적인 사고의 전환이었다. 다른 제자들, 즉 무적의 다섯 용사를 훈련시킬 때는 전혀 그런 생각을 해본 적이 없었다. 그러나 쉬푸 사부는 포가 그들과는 다른 존재라는 것을, 그래서 다른 방법으로 훈련을 시켜야 한다는 것을 깨닫게 되었다.

벅찬 훈련을 마치고 배가 한껏 고파진 포에게 쉬푸 사부는 약속한

대로 만두 한 접시를 주었다. 만두를 보자마자 흐뭇해진 포가 하나를 집으려는 순간, 쉬푸는 방해를 하기 시작했다. 느긋한 성격의 소유자인 포였지만 먹고 싶은 것을 제때 못 먹게 하는 것은 상대가 자신의 스승이라고 할지라도 참을 수 없었다. 그러나 쉬푸 사부에게 화를 낸다고 만두가 입속에 들어오는 것은 아니었다. 만두를 먹을 수 있는 유일한 방법은 스승을 실력으로 제압하고 만두를 빼앗아오는 것뿐이었다. 포는 만두 한 개에 모든 것을 걸었다. 스승에게서 만두를 빼앗아 먹고야 말겠다는 일념으로 쉬푸 사부를 대적하는 일에 몰입했다. 포는 자신이 사부를 상대로 싸우고 있다는 생각조차도 잊어버린 채 새로운 힘과 기술을 발휘했다. 포 안에 잠재해 있던 용의 전사가 나오는 순간이었다.

비록 영화 속 이야기지만 포를 용의 전사가 되도록 만드는 계기가 만두였다는 것은 모티베이션에 관심을 가진 우리에게 중요한 시사점을 던져준다. 그것은 바로 강력한 의욕을 불러일으키기 위해 가장 먼저 해야 할 일은 사람의 마음을 근본적으로 움직일 수 있는 힘을 가진 그 무엇, 즉 '만두'가 무엇인지를 파악해야 한다는 사실이다. 그리고 중요한 것은 사람마다 원하는 만두가 서로 다르다는 점이다.

평상시에는 아침 8시에 일어나는 것도 힘들지만 주말에 바다낚시를 가는 날에는 새벽 3시에 일어나도 피곤한 줄 모르는 사람도 있고, 더운 날씨에 지치고 피곤해서 아무것도 못할 것 같다가도 쇼핑몰에만 들어가면 몇 시간씩 힘든 줄도 모르고 쇼핑 다닐 힘이 솟구치는 사람

사람 관계 수업

도 있다. 모두 저마다 가진 '만두'의 힘이라고 할 수 있다. 포도 오직 만두를 먹겠다는 일념으로 엄청난 집중력을 발휘해 쉬푸와 대련했고, 그 와중에 온몸을 던지다 보니 자신도 모르는 사이에 쿵푸 기술의 새로운 경지에 다다르게 된 것이다.

채워지지 않은 욕구가 사람을 움직인다

자포자기 상태에 빠진 육중한 포를 움직인 힘은 바로 포의 채워지지 않은 식욕이었다. 이처럼 채워지지 않은 욕구는 강력한 모티베이터 역할을 한다. 다른 사람에게 동기부여를 하고자 할 때 가장 첫 번째로 해야 할 일은 그 사람이 가진 욕구가 무엇인지, 그 욕구들 중 채워지지 않은 욕구가 무엇인지 제대로 파악하는 것이다. 채워지지 않은 욕구는 사람마다 다르다. 쉬푸 사부는 포의 욕구가 무적의 다섯 용사들의 욕구와는 다르다는 것을 파악했기에 그를 용의 전사로 만드는 계기를 마련할 수 있었다.

같은 부서에서 일하는 직원들이라고 해도 그들이 가진 욕구는 제각각이다. 남자와 여자의 욕구가 다르고, 젊은 사람과 나이 든 사람의 욕구가 다르다. 각자 처한 상황, 성격, 가치관 그리고 인식에 따라 욕구가 다른 것이다. 사람들이 직장에 일을 하러 오는 이유는 직장에서 자신들의 욕구를 채울 수 있다고 믿기 때문이다. 만약 직장에 나오지 않아도 자신들의 욕구가 채워진다면 굳이 나오지 않을 것이다. 그러므로 회사는 직원들의 욕구가 무엇인지를 정확히 파악하고, 그 욕구를 효과적으로 채워줄 수 있는 자원과 방법들을 갖고 있어야 직원들에게 동기를 부여할 수 있다.

욕구는 인간의 필수 조건이다

사람들은 욕구를 부정적인 것으로 보는 경향이 많다. 그러나 사람은 근본적으로 욕구의 동물이다. 모티베이션은 사람들이 욕구를 가졌기 때문에 가능하다. 욕구가 없으면 모티베이션도 없다. 다만 욕구는 채워지면 힘을 잃는다. 채워지지 않은 욕구만이 사람을 움직이는 힘을 가진다.

욕구의 힘이 얼마나 되는지는 그 욕구가 채워지지 않는 경험을 하고 난 후에야 알 수 있다. 일례로 평상시엔 배고픔의 욕구가 얼마나 절실한지 모르다가, 어느 순간 극도로 배고픈 상황에 처하면 평상시와는 확연히 다른 자신을 만나게 된다. 음식 냄새에 극도로 민감해지고, 몸의 모든 감각이 온통 먹을 것에만 집중된다. 심하면 음식을 두고 싸우기도 한다.

우리 마음속 욕구는 다양하지만 크게 생리적 욕구(physiological needs)와 심리적 욕구(psychological needs), 두 종류로 나눌 수 있다. 생리적 욕구는 생존에 필요한 동물적 욕구다. 배고픔이나 목마름과 관련된 식욕, 집을 짓고 그 안에서 쉬고 잠자고 외부의 환경으로부터 보호를 받고 싶어 하는 안전 욕구, 번식을 위한 성욕 등이 생리적 욕구에 속한다. 현대사회에서 이러한 기본 욕구들은 충분히 채워지고 있기 때문에 이런 욕구가 결핍

되었을 때의 힘을 일상생활에서 경험하기는 쉽지 않다. 그러나 간혹 재앙이 닥쳐서 생존이 위협당할 때는 이런 기본적 욕구의 힘이 막강해진다.

2013년 필리핀에 역대 최악의 태풍이 휩쓸고 지나가면서 수많은 사상자가 발생했다. 물과 식량이 모자란 데다 교통과 통신 상황도 최악이 되자 주민의 99퍼센트가 가톨릭 신자들인 마을에서도 생존자들이 생필품을 얻기 위해 상점을 약탈하고 닥치는 대로 물건들을 훔쳐가 마을이 무법천지가 되고 말았다.

간혹 이렇게 자신들의 욕구를 채우기 위해서 타인을 해하는 경우도 발생하기 때문에 일부 종교에서는 욕구 자체를 동물적인 것으로 치부하면서 부정적이고 부끄러운 것이라고 가르치기도 한다. 그러나 욕구는 그 자체로 좋을 것도 나쁠 것도 없다. 사람들은 누구든지 자신의 욕구를 채우려고 한다. 편안함을 구하고 고통을 피한다. 그러므로 타인의 욕구를 부정하고 비난하는 것은 일종의 위선이다. 자신의 욕구를 채우기 위해 다른 사람에게 해를 끼치지 않는 이상, 우리는 저마다 다양한 욕구를 가지고 있음을 인정하고 그의 욕구를 존중해주어야 한다.

사람은 몇 가지 욕구를 갖고 있을까

영화 〈캐스트 어웨이cast away〉는 폭풍 때문에 비행기가 바다에 추락하는 사고를 당한 주인공이 다행히 목숨을 건져 표류하다 무인도에서 지내며 벌어지는 이야기다. 주인공은 무인도에서 생존하는 데 필요한 기본적인 것들을 확보해두었기 때문에 처한 상황이 극단적이지만은 않았다. 하지만 아무도 없이 홀로 지내는 외로움만큼은 고통스러웠다. 급기야 배구공에 '윌슨'이라는 이름을 붙여놓곤 말을 걸고 이야기를 하면서 외로움을 달래기 시작한다.

그러던 어느 날, 주인공은 섬에서 기다리고만 있다가는 영영 구조되지 못할 것 같다는 두려운 생각이 들었다. 그래서 뗏목을 만들어 목숨을 걸고 바다로 나가기로 결심한다. 드디어 뗏목이 완성되어 바다로 나가는 날, 생존에 필요한 갖가지를 챙기면서 배구공도 함께 챙긴다. 하지만 그 공은 바다 한가운데서 풍랑을 만나 떠내려가고 만다. 주인공은 생존에 필요한 것보다 배구공을 잃어버린 것에 더 가슴 아파한다. 파도에 밀려 자신에게서 점점 멀어져가는 배구공을 바라보면서 주인공은 어린아이처럼 운다. 이 장면은 사람에게는 생존에 필요한 생리적 욕구만큼이나 '사회적 욕구(social needs)'가 강력한 힘을 발휘할 수 있다는 것을 보여준다.

사회적 욕구는 사회적 동물인 인간에게는 필수적인 욕구다. 그런데 인간은 다른 한편으로는 독립된 개체로서 '자아(self)'와 관련된 심리적 욕구도 가지고 있다. 사람들은 자신이 좋은 사람, 능력이 있는 사람이라고 스스로 믿고 싶어 한다. 남에게 인정받고 싶은 욕구도 있지만 자기 자신으로부터 인정받고 싶어 한다. 이런 욕구를 '자기존중 욕구(self-esteem needs)'라고 한다. 자존감이 낮아지면 일을 할 의욕도 잃는다. 일을 하는 것은 그것이 생존의 방편이기도 하지만 자존감을 갖게 해주기 때문이다.

그 외에 사람은 자신의 능력이 어느 정도인지 테스트해보고 싶은 '자아실현 욕구(self-actualization needs)'도 갖고 있다. 운동 시합에서 메달을 받기 위해 힘들고 고된 훈련을 감수한다든가, 에베레스트산 정상에 오르기 위해서 위험을 무릅쓰고 극한 상황에 도전하는 사람들이 바로 이 자아실현 욕구가 강한 사람들이라고 할 수 있다. 캐나다 사람들의 영웅인 테리 폭스도 자신의 희생을 통해 다른 사람들을 돕겠다는 이타적인 마음에서 대륙 횡단을 시작했겠지만, 또 한편으로는 불구가 된 자신의 육체적 한계를 넘어서고 싶은 자아실현 욕구도 강했던 사람이다.

욕구의 5단계

매슬로(Abraham Maslow)의 욕구 이론은 다섯 가지의 욕구, 즉 생리적 욕구, 안전 욕구, 사회적 욕구, 자기존중 욕구 그리고 마지막으로 자신의 한계를 넘어서고 싶어 하는 자아실현 욕구가 사람들 마음속에 계층적으로 존재한다고 주장하는 이론이다. 이 이론에 따르면 하위 욕구들이 만족되어야 그다음 상위 욕구를 채우고 싶은 마음이 생기게 된다. 즉, 배고픔이 먼저 해결되어야 사랑을 받고 싶은 욕구가 발동한다는 뜻이다. 거꾸로 이야기하면 생리적 욕구가 채워지기 전에는 그보다 상위 욕구인 사랑받고 싶은 사회적 욕구는 힘을 발휘하지 못한다는 뜻이다. 사랑이나 인정을 받고 싶은 욕구가 채워지고 나면 그다음으로 개인적인 욕구들, 즉 훌륭한 인간이 되고 싶다는 자기존중의 욕구와 자신의 능력이 어디까지인지 한계를 넘어보고 싶은 자아실현 욕구가 발동된다.

다국적 기업 등 다문화 환경에서 일하는 사람들은 문화권에 따라 이러한 욕구 중에서 무엇이 상위이고 하위인지 달라질 수 있음을 잊지 말아야 한다. 미국 직장인과 중국 직장인의 욕구 서열은 서로 다를 수 있다. 또한 같은 문화권 안에서도 개인의 배경(성별, 나이, 성격 등)에 따라 차이가 있다는 점도 간과해서는 안 된다.

그러므로 사람의 욕구가 문화와 개인별로 어떻게 다른지 잘 알고 활용해야 한다. 쉬푸가 포의 욕구가 다섯 제자들과 다르다는 것을 깨닫고 난 다음에야 포를 제대로 훈련시킬 수 있었듯이, 누군가에게 동기부여를 하기 위해서는 그를 움직일 수 있는 욕구, 특히 '채워지지 않은 욕구'가 무엇인지 정확하게 파악하는 것이 급선무라고 할 수 있다.

쉬푸 사부는 포의 욕구를 잘 간파해서 백 가지 좋은 말 대신 만두 한 접시로 놀라운 결과를 만들어냈다. 그러나 무적의 다섯 용사 중 리더 격인 호랑이에게도 만두가 통했을까? 아마도 아닐 것이다. 호랑이는 자신의 능력을 인정받고 싶은 욕구가 남달리 강했다. 그런 호랑이에게는 사부의 진심어린 칭찬이나 인정이 만두보다 훨씬 더 효과적인 '모티베이션'이 될 수 있을 것이다.

당신이 이른 아침에 억지로 잠에서 깨어나 피곤한 몸을 이끌고, 스트레스 주는 상사까지 있는 회사를 하루도 빼먹지 않고 다닐 수 있는 가장 큰 원동력은 무엇일까? 그것은 바로 또 다른 선천적 욕구인 '소유욕'이다. 돈은 현대인의 소유욕을 해결해주는 가장 간편한 도구다. 돈이 부족해서 소유욕을 제대로 채울 수 없다면 채워지지 않는 소유욕으로 인한 고통이 육체적인 피곤함이나 직장생활에서 받는 스트레스에서 비롯되는 고통보다 더 클 것이다.

사람들은 회사에 올 때 몸만 오는 것이 아니라 이 모든 욕구들을 다 가지고 온다. 직원 입장에서 직장은 자기 욕구를 채울 수 있는 곳이다. 월급으로는 소유욕을 채울 수 있고, 같이 일하는 사람들로는 사회적 욕구를 채울 수 있고, 또 새로운 일이나 기술을 배움으로써 학습욕구를 채울 수 있다. 이러한 욕구들은 인위적으로 통제할 수 없는 부분이다. 그러므로 리더는 부하직원들의 다양한 욕구를 인정하고 잘 파악해서 욕구를 채워줄 방법을 갖추고 있어야 한다. 그러한 능력이 없이는 모티베이션을 이끌어낼 수 없다.

목표를 향해 나아가게 하는 그 '무엇'

샌디에이고 동물원에는 '샤무'라는 범고래가 있다. 사육사들은 몸무게가 거의 1톤에 육박할 정도로 거대한 이 고래가 물 위에 높이 걸린 로프를 뛰어넘도록 훈련시켰다. 우선 고래가 있는 풀장 속에 로프를 걸쳐놓는 것으로 시작한다. 풀장 물속 적당한 높이에 로프를 걸쳐놓으면 범고래는 어떤 때는 로프 위로, 또 어떤 때는 로프 아래로 헤엄친다. 처음에 샤무는 별다른 생각 없이 로프 위아래로 헤엄칠 것이다. 그런데 사육사들이 샤무를 보고 있다가 로프 위로 지나가면 불러서 바로 칭찬을 해준다. 머리를 쓰다듬어주거나, 같이 놀아주거나, 생선을 간식으로 주는 식이다.

그렇다면 로프 아래로 지나갈 때는 어떻게 할까. 사람들이 말하는 당근과 채찍의 원리에 따라 소리를 지르거나 야단을 치거나 전기충격을 줄까? 그렇지 않다. 사육사들은 고래가 로프 아래로 지나간다고 해서 절대로 벌을 주는 법이 없다. 그저 샤무에게 아무런 반응을 보이지 않을 뿐이다. 당근과 채찍 중에서 당근만, 그것도 좀 과하다 싶을 정도로 사용한다.

이 과정을 여러 차례 반복하면 고래가 로프 위로 헤엄치는 횟수가 점차 늘기 시작한다. 아마도 고래는 로프 위를 지나갈 때마다 칭찬을 받으니 자연스럽게 자신의 행동과 칭찬에 어떤 인과관계가 있음을 인식할 것이다. 그래서 칭찬을 받고 싶으면 로프 위로 헤엄을 치게 된다. 이렇게 해서 로프를 점점 더 올려 수면 위 6.6미터까지 높여도 고래가 뛰어넘을 수 있게 되는 것이다. 이것이 바로 '긍정적 강화(positive reinforcement)'의 힘이다.

긍정적 강화의 힘

긍정적 강화란 바람직한 행동(사무가 로프 위를 넘는 행동)이 나왔을 때 그 행동에 대해 보상(먹이나 칭찬)해주는 것을 의미한다. 이는 비단 동물 훈련에만 해당되는 것이 아니다. 사람에게도 적용된다. 예를 들어 공장에서 직원이 작업 공정에서 시간을 단축할 수 있는 창의적인 아이디어를 적용(바람직한 행동)했을 때 상사가 바로 알아보고 잘했다고 진심어린 칭찬(보상)을 해주면, 그 직원은 칭찬을 받기 위해 계속해서 창의적인 아이디어를 내려고 노력하게 될 것이다. 이처럼 긍정적 강화에는 바람직한 행동의 빈도를 높이는 효과가 있다.

사람은 보상받는 대로 행동하는 존재다. 이는 극히 기본적인 원리다. 보상이 따르지 않는 지시는 아무리 논리적으로나 윤리적으로 합당하다고 해도 효과를 내기 어렵다. 그런데 현실에서는 많은 리더가 이 기본적인 원리를 너무 쉽게 잊어버리는 듯하다. 사람들이 바라는 보상은 꼭 돈 같은 물질적인 것만이 아니다. 앞서 인간의 욕구들에 대해 살펴보았듯이 사람은 회사라는 조직 속에서 자신의 다양한 욕구를 충족시키고자 한다. 그리고 그 욕구는 사람에 따라 중요도가 조금씩 다르다. 행복한 직원이란 반드시 연봉을 많이 받는 직원이 아니다. 원하는 방향으로 직원을 이끌고자 할 때 칭찬과 인정 등의 심리적인 보상이 의외로 연봉보다 강력한 힘을 가질 수도 있다. 중요한 것은 칭찬을 할 때 진심이 담겨 있어야 한다는 점이다.

우리나라 조직의 현실은 긍정적 강화보다는 채찍이 더 자주 사용되는 듯하다. 바람직하지 않은 행동의 빈도를 줄이기 위해서 채찍을 사용하면 부작용이 더 많다. 벌은 받은 사람의 마음에는 벌을 준 사람에 대한 분노나 두려움 등의 감정이 생겨 예기치 않은 부작용이 일어날 수도 있으며, 채찍을 쓰지 않았을 때보다 못한 결과를 초래할 수 있다. 이런 이유로 고래 사육사들은 샤무를 훈련시킬 때 오직 긍정적 강화만을 사용하고 벌은 내리지 않았던 것이다.

목표의 힘

모티베이션과 관련해서 가장 효과적인 방법은 바로 '목표 설정'이다. 제조업이든 서비스업이든 목표만 제대로 세우면 성과는 대부분 향상된다. 그래서 많은 기업체에서 조직의 성과를 올리기 위한 경영기법으로 사용하는 것이 목표경영, 즉 MBO(Management By Objectives)다. 부서별로 조직의 목표를 정하고, 각 부서 내에서는 개인별로 분명한 목표를 정해 이것을 관리하는 기법이다.

이는 사람은 목표지향적인 동물이라는 전제가 있기 때문에 가능한 것이다. 사람은 동물과 달리 목표를 설정하고 그 목표와 현재 자신이 있는 위치에 차이가 있을 때 격차를 줄이려는 노력을 기울인다. 대학에서 가장 비싼 학위 중 하나가 MBA다. 비싼 학비를 내고 시간을 투자하면서 학위를 따려고 노력하는 이유는 딱 하나다. 자신의 커리어 목표에 다다르기 위해서다. 축구장에서 선수들이 몸을 사리지 않고 뛰는 목표도 딱 한 가지다. 골을 넣기 위해서다. 분명하게 성취하고 싶은 목표를 세우면 사람들은 그 목표를 달성하기 위해 더욱더 노력하는 행동을 보인다.

미국 해군 정예부대 중에 심해 잠수부들이 있다. 이들의 주요 활동 무대는 어둡고 추운 깊은 바닷속이다. 사고로 가라앉은 군함이나 잠수함에서 두꺼운 철판을 뜯어내고 인명을 구조하거나, 바다에서 유실되어 심해의 모랫바닥 속에 묻힌 폭탄 등 중요한 군사시설을 찾아내는 작업이 이들의 일이다. 이들이 입는 잠수복은 높은 수압을 견딜 수 있도록 특별히 제작되어 자체 무게만도 150킬로그램이 넘는다. 그렇게 무거운 옷을 입고 심해의 환경에서 작업하려면 대단한 체력, 지구력, 담력이 필요하다. 또 자칫 실수하면 목숨을 잃을 수 있다. 그러므로 잠수부들은 절박한 상황 속에서도 당황하지 않고 침착함을 유지할 수 있어야 한다.

카를 브래쉬어(Carl Brashear)의 꿈은 바로 이 해군 심해 잠수부가 되는 것이었다. 켄터키에서 가난한 농부의 여섯째 아이로 태어난 그는 만 17세가 되던 1948년에 해군에 입대했다. 군함에서 취사병으로 일하던 중 심해 잠수부들이 깊은 바닷속에 들어가 침몰된 배에 갇힌 다른 해군들의 목숨을 구해내는 활약상을 보고 자신도 심해 잠수부가 되겠다는 꿈을 갖게 되었다.

그러나 현실적으로 너무 야심찬 목표였다. 그는 흑인이었기 때문이다. 그때까지 흑인 심해 잠수부는 단 한 명도 없었다. 해군의 정예 군인으로서 좋은 대접을 받는 심해 잠수부는 당연히 백인들 몫이었다. 이런 경우에 사람들은 제아무리 심해 잠수부가 되고 싶어도 대부분 목표를 접는다. 아예 시도조차 하지 않는다. 그러나 카를은 그런 부류의 사람이 아니었다. 카를은 여러 가지 어려움을 극복하고 마침내 심해 잠수부를 훈련하는 사관학교에 입학하게 되었다. 그러나 사관학교 교장은 지독한 인종차별주의자였다.

흑인이 입학한 것 자체가 못마땅했던 그는 무슨 수를 써서라도 카를을 내보내려고 궁리했다. 훈련교관을 불러서 카를을 포기시킬 방법을 만들라고 특별 지시를 내렸다. 교장뿐 아니라 같이 생활하는 다른 백인 생도들의 차별도 노골적이었다. 카를이 숙소를 배정받자 그 숙소에 있던 다른 백인 생도들은 흑인과 같은 공간을 쓸 수 없다면서 모두 다른 숙소로 옮겨버렸다. 훈련교관도 집요하게 모욕이나 부당한 방법을 동원해서 카를을 포기시키려고 했다. 하지만 카를은 그 모든 역경을 참아내고 훌륭한 성적으로 졸업하여 미국 해군의 잠수부 역사상

최초의 흑인 잠수부가 되었다.

1966년, 카를은 스페인 근해에서 분실된 핵폭탄을 찾는 작업에 차출되었다. 미군 폭격기가 다른 비행기와 사고로 충돌하면서 탑재했던 수소폭탄이 750미터 깊이의 바닷속으로 유실되어버린 것이다. 그는 거기서 바닷모래에 묻혀 있던 핵폭탄을 찾아내는 혁혁한 공을 세웠다. 그런데 갑자기 높아진 파도에 배가 크게 흔들리면서 인양한 핵폭탄을 배에 고정시켰던 철끈이 끊어져버렸다. 그리고 그 와중에 파편이 카를의 왼쪽 무릎을 강타해 심한 부상을 입었다. 결국 이 사고로 카를은 왼쪽 무릎 아래를 절단하고 말았다.

핵폭탄을 찾아내는 대단한 공을 세웠지만 상이군인이 된 카를에게 해군은 퇴역을 종용했다. 그러나 카를은 이에 굴하지 않았다. 대신 해군이 제시한 체력 테스트를 받는다. 보통 사람들도 통과하기 힘든 엄청난 체력 테스트에서 의족을 차고 통과한 카를은 끝내 심해 잠수부 중에서 가장 높은 위치인 마스터 다이버 자리에 올라 자신의 꿈을 이루고 만다. 카를의 성공 이야기는 목표가 얼마나 대단한 동기부여가 되는지 잘 보여주는 사례다.

당신은 온도계형인가, 자동온도조절기형인가

새해가 되면 사람들은 새로운 결심을 한다. 체중 감량, 금연, 정기적인 운동 등 목표도 다양하다. 그러나 작심삼일이라는 표현처럼 며칠도 못 가 포기하는 사람들이 많다. 비록 처음에는 마음을 굳게 먹었지만 실행을 하다 보니 힘들고 고통스러워서 초심이 흔들리는 것이다. 이런 사람들은 '온도계형' 인간이다. 온도계의 수은주는 상황에 따라 수시로 변한다. 따뜻하면 올라가고 추우면 내려간다. 상황이 좋아지면 의욕이 일어나고, 어려움이 닥치면 움츠러드는 것과 같다. 사람들은 대개 온도계처럼 행동한다.

카를은 정반대였다. 상황이 어려울 때 움츠러든 게 아니라 그것을 극복하기 위해 이전보다 더 많은 노력을 기울였다. 한쪽 다리가 절단되는 극단적인 상황에서조차 포기하지 않았다. 자신이 세운 목표를 꼭 이루고야 말겠다는 마음이 너무나 강렬했기 때문이다. 이런 태도를 '목표 몰입'이라고 한다. 목표 몰입이 낮은 사람은 온도계형이요, 높은 사람들은 '자동온도조절기형'이다. 자동온도조절기는 온도(목표)를 맞춰놓고 기온(상황)이 그보다 내려가면 불을 태워 에너지를 만들어낸다. 처음에 맞추어놓은 온도까지 올라가야 비로소 쉰다. 자동온도조절기 같은 사람들은 자율적으로 알아서 하도록 분위기를 만들어주면 되고, 온도계 같은 사람들에게는 필요한 도움을 제공함으로써 목표 달성의 확률을 높일 수 있다.

온도계형 인간의 목표 설정을 돕는 모델을 하나 소개하고자 한다. 다섯 가지 원칙을 강조한 스마트(SMART)가 그것이다. 목표를 세울 때 구체적(specific), 측정 가능(measurable), 성취 가능(attainable), 연관성(relevant), 시간의 틀(time-frame)의 원칙을 지키면 성과를 높이는 데 도움이 된다는 이론이다.

'구체적'이란, 목표를 세울 때 애매모호한 표현을 피하고 누가(who), 왜(why), 어떻게(how)를 분명하게 표시하는 것이다. '측정 가능'이란 목표를 계량화해서 성취도를 측정할 수 있어야 한다는 것이다. '성취 가능'이란 너무 어렵지 않고 도전해볼 만한 목표를 세우는 것이다. '연관성'이란 자신이 하는 일과 목표가 연관되어 의미가 있어야 한다는 것이다. 마지막으로 '시간의 틀'이란 언제까지 성취하겠다는 기한이 정해져 있어야 한다는 뜻이다. 이외에도 필요에 따라 얼마나 효과적으로 목표에 근접하고 있는지와 관련한 피드백을 제공하는 것도 도움이 된다.

동기와 스트레스는 동전의 양면

포가 처음 옥의 궁전에 들어왔을 때는 누구보다도 의욕적이었다. 그러다가 어느 순간부터 완전히 의욕을 잃어버리고 자포자기 상태에 이르게 된다. 원인은 과도한 스트레스였다. 쉬푸 사부에게 계속해서 지적을 받고, 훈련을 아무리 해도 나아질 기미가 보이지 않고 실패를 거듭하자 자신감을 잃어갔다. 또 무적의 다섯 용사에 비해 자신이 나은 게 하나도 없다는 열등감에 시달렸다. 더욱이 그들로부터 노골적으로 왕따를 당해 마음에 상처까지 입었다. 아무리 낙천적이고 느긋한 성격이더라도 이렇게 뭐 하나 제대로 되는 것이 없는 상황에서 오는 스트레스는 피할 수 없었다.

모티베이션과 스트레스는 동전의 양면과도 같다. 회사에서 일을 하는 사람들이나 학교에서 공부를 하는 학생들 모두 의욕을 갖고 열심히 하고 싶어 하지만, 다른 한편으로는 그 과정에서 찾아오는 다양한 스트레스를 피할 수 없다. 과도한 업무, 치열한 경쟁, 복잡한 인간관계, 미래의 불확실성, 운동 부족으로 인해 나빠지는 건강……. 사방을 둘러봐도 스트레스를 주는 일들만 널린 것 같다. 그 무게를 견디지 못해 의욕을 상실해버리고, 심한 경우는 우울증에 걸리기도 한다.

기업이 직원의 스트레스 관리에 나서는 이유

지난 몇 년 동안 대한민국에서 가장 유행한 단어는 바로 '힐링'이다. 그만큼 우리나라 사람들이 스트레스를 많이 받고 산다는 반증이기도 하다. 실제로 발표된 통계자료들을 보면 우리나라 사람들의 스트레스 수준이 세계적이라는 것을 알 수 있다. 한국인의 행복지수는 OECD 국가 중 최하위권이고, 자살률은 세계 1위라는 불명예를 안고 있다.

미국의 선진 기업들 중에는 직원들이 받는 스트레스를 적극적으로 관리하려고 노력하는 곳이 많다. 구글을 비롯한 실리콘밸리의 IT 기업에서는 직원들이 언제든지 운동할 수 있도록 수영장은 물론이고 배구 코트, 최첨단 시설을 갖춘 헬스장과 게임룸까지 마련해놓았다. 뿐만 아니라 호텔 레스토랑 수준의 고급 음식을 제공하고, 직원들의 차를 세차해주고 미용 서비스까지 제공한다. 직원들의 건강 관리를 위해 여러 명의 의사가 회사 내에 상주하는 것은 더 이상 놀라운 일도 아니다. 직원들은 몸에 이상이 있으면 언제든지 바로 의사를 찾아가서 도움을 받을 수 있다. 복장도 자유롭다. 본인이 원하면 잠옷을 입고 와서 일을 해도 괜찮다. 다른 직원들에게 해가 되지 않는 한 자신의 애완동물도 데려올 수 있다.

세계 유수의 기업들이 교육보다 직원들의 건강과 스트레스 관리에 주력하는 이유는 그만큼 투자할 가치가 충분하기 때문이다. 회사가 스트레스를 적극적으로 관리해줌으로써 몸과 마음이 건강해지면 직원들이 회사에 충성심을 갖게 되고, 자신이 맡은 업무도 정력적으로 할 뿐 아니라, 남다른 창의력도 한껏 발휘할 것이기 때문이다. 그리고 이는 곧 회사의 성과로 이어지기 때문이다.

스트레스를 어떻게 활용할 것인가

우리나라 기업에서도 직원들의 스트레스 관리에 관심을 갖기 시작했다. 전문 심리상담사가 회사에 상주하면서 직원들이 업무뿐 아니라 가정생활 등에서 개인적인 문제로 겪는 스트레스까지 해소할 수 있도록 도움을 준다. 그러나 이렇게 하면 상담사에게 털어놓은 고민 내용이 혹시라도 새어나갈 수 있다는 우려가 있다. 그래서 회사와는 독립된 외부 상담사들과 직원들이 보다 마음 편하게 카운슬링 받도록 하고 회사는 비용을 지급하는 방식으로 한층 더 배려하는 회사들도 점점 늘고 있다.

스트레스는 근본적으로 환경의 변화에 우리의 몸과 마음이 적응하려는 과정에서 경험하게 되는 현상이다. 환경은 늘 변한다. 끊임없이 변하는 환경에서 살아가는 우리는 누구나 다 스트레스를 경험하게 되며, 이런 점에서 스트레스는 불가피하고 자연스러운 현상이다. 그런데 사람들은 대개 스트레스에 대해서 오해를 한다. 스트레스를 받는 것이 자신의 능력이나 정신력이 약하기 때문이라고 생각해서 스트레스를 받는 것 자체를 하나의 실패로 간주한다. 이런 생각 때문에 스트레스를 더 받는다. 이는 틀린 생각이다. 강한 사람이건 약한 사람이건 변하는 환경 가운데 있으면 누구나 스트레스를 경험한다.

자아실현에도 스트레스가 상당하다

스트레스는 근본적으로 외부로부터 비롯된다. 이를 '스트레스 요인'이라고 부른다. 학생들에게 언제 스트레스를 느끼는지 물어본 적이 있다. 그랬더니 "경찰차가 지나갈 때"라는 대답이 나온 적이 있다. 잘못한 게 없어도 운전을 하다가 경찰차가 나타나면 스트레스를 느낀다는 것이다. 이때 경찰차가 바로 스트레스 요인이 되는 셈이다. 그러나 모든 사람에게 경찰차가 스트레스 요인은 아니다. 사람마다 스트레스를 받는 요인은 제각각이다.

어린아이들도 스트레스를 경험한다. 나의 둘째 아이가 어릴 때 "너는 언제 스트레스를 받니?"라고 물었더니, "이빨이 빠질 때요"라는 답이 돌아왔다. 아이들에게는 이를 빼는 일이 여간 힘든 게 아니다. 그래서 서양에서는 '이빨요정(tooth fairy)'이라는 상상의 인물을 만들었다. 아이의 이가 빠지면 아이가 잠들기 전에 빠진 이를 베개 밑에 놓고 자게 한다. 그리고 아침에 일어나서 베개를 들추어보면 이가 사라진 대신 그 자리에 돈이 있다. 그러면 부모는 아이들에게 '이빨요정'이 빠진 이를 가지고 가면서 돈을 주고 갔다고 설명해준다. 이를 빼는 공포와 스트레스를 견딘 보상을 요정 이야기에 실어 돌려주는 것이다.

스트레스와 '변화'의 상관관계

1967년에 미국의 신경정신과 의사 두 명이 5천 명이 넘는 환자들의 기록을 분석해서 스트레스를 주었던 삶의 경험들과 질병 사이에 어떤 상관관계가 있는지 살펴보았다. 의사들은 이 연구를 통해 사람들에게 가장 큰 스트레스를 주는 경험들이 무엇인지 가려냈다. 그들이 발견한 스트레스를 주는 인생의 경험들은 아래와 같다.

1. 배우자의 죽음

2. 이혼

3. 별거

4. 감옥생활

5. 가까운 가족의 죽음

6. 질병이나 부상

7. 결혼

8. 해고

9. 별거 후 재결합

10. 은퇴

이 연구가 이루어진 때가 1960년대고, 이후로 사람들의 삶의 형태

는 바뀌었기 때문에 스트레스를 주는 삶의 경험도 바뀌었을 가능성이
있다. 최근 다른 학자들에 의해 이루어진 연구 결과를 보면 약간의 변
동이 보인다. 새로운 연구에 따른 상위 항목은 다음과 같다.

1. 배우자의 죽음

2. 감옥생활

3. 가까운 가족의 죽음

4. 가까운 가족의 자살 시도

5. 갚을 능력을 넘은 부채

6. 노숙자생활

7. 가까운 가족의 중병

8. 해고

9. 이혼

10. 가정 파탄

두 리스트에 나타난 열 가지 항목들의 특이점은 무엇일까? 특히 첫
번째 리스트에서 결혼이나 재결합 등이 상위 10위에 속한다는 것은 다
소 의외일 것이다. 가까운 사람의 죽음이나 감옥생활 등은 고통을 유발
하는 비극적인 사건들이니 이해가 되지만 행복하기 위해서 하는 결혼
과 재결합의 어떤 점들이 스트레스를 유발한다는 것일까? 그것은 바로
'변화' 때문이다. 변화 중에서도 갑작스럽고 스케일이 큰 변화들이다.

사람은 변화를 싫어한다. 가능하다면 안정적이고 익숙한 환경에서 살기를 원한다. 그러나 우리의 삶은 우리를 가만두지 않는다. 변화의 속도와 강도는 우리가 적응할 수 있는 범위를 벗어나기도 한다. 현대인의 삶은 '변화'가 주된 속성이다. 스트레스란 피하려 해도 피할 수 없는 것이다.

스트레스는 성과에 어떤 영향을 미치는가

사람들은 대개 스트레스를 어떻게 없앨 수 있을까를 생각한다. 스트레스가 나쁜 것이라고 생각하기 때문이다. 그러나 스트레스가 모두 나쁜 것은 아니다. 어느 정도의 스트레스는 사람들을 자극시켜서 일을 더 열심히 하게 만드는 모티베이터 역할을 한다. 스트레스가 아예 없으면 일을 하고 싶은 동기부여가 일어나지 않는다. 그래서 스트레스와 성과는 아래의 그림처럼 종 모양의 그래프로 나타난다.

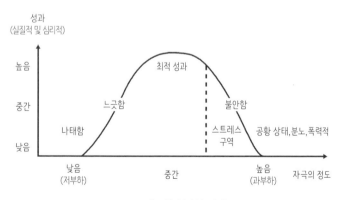

스트레스와 성과의 관계

그래프 왼쪽을 보면 스트레스 정도가 너무 낮으면 동기부여가 잘 되지 않아 지루함을 느끼고 성과도 높지 않음을 알 수 있다. 반면 스트레스의 정노가 조금씩 올라가면 성과도 점점 올라간다. 다만 적정선을 넘어서 스트레스가 과해지면 몸과 마음이 다 타버리는 것 같은 '소진(burn-out)' 상태가 되어 의욕을 잃고 성과도 곤두박질치게 된다. 분노, 불안 같은 부정적인 감정을 경험함에 따라 행동 또한 과격해지기도 하고 반대로 자포자기해서 우울증에 걸리기도 한다.

과도한 스트레스는 살해범과도 같다. 병원에서 가장 스트레스가 많은 곳이 응급실일 것이다. 지독한 고통으로 비명을 내지르며 분초를 다투는 환자들이 시도 때도 없이 들이닥친다. 그러니 극도의 긴장감이 팽배한 환경에서 일하는 의사와 간호사들은 계속 긴장 상태를 유지해야 하기 때문에 늘 스트레스를 받는다.

미국 캘리포니아주 오클랜드에 있는 한 병원 응급실에서 일하던 의사와 간호사가 일주일 사이에 잇따라 자살을 하는 사건이 있었다. 젊은 인턴 여의사가 어느 날 일을 마치고 자신의 차에 돌아가서 백미러를 보고 자신의 목을 수술 칼로 그어 자살을 했고, 며칠 후에 야간 근무를 하던 간호사는 스스로 정맥주사를 꽂고 과도한 양의 포타슘(potassium)을 투여해서 심장마비로 죽었다. 병원 측에서 조사한 결과 끝이 안 보이는 과도한 스트레스가 자살의 원인이었다. 이는 일종의 과로사다.

명확한 통계자료가 없기 때문에 단정적으로 말하기는 어렵지만, 우리나라에서 대략 1년에 3백 명가량이 과로사로 사망한다고 밝혀져 있다. 일본이 160명 정도인 것과 비교하면 과로사 비율 역시 우리나라가 세계적 수준인 셈이다. OECD 국가 중에서 우리나라 노동자가 가장 많은 시간을 일하며 일의 강도도 심하기 때문일 것이다. 전반적인 회사의 분위기도 유연하기보다는 상하 계급의식이 강해서 다른 나라들에 비해 많이 경직되어 있다. 이러한 기업 풍토에서 매년 많은 사람이 과로사로 희생된다는 것은 어쩌면 예상된 결과라고 할 수 있다. 이제 기업들은 더 이상 직원들의 스트레스를 무시할 수 없는 상황에 처했다. 정부는 정부대로, 회사는 회사대로, 또 개인은 개인대로 스트레스를 어떻게 관리해야 하는지 심각하게 생각해야 할 때가 되었다.

유능한 사람은 스트레스를 잘 관리한다

현대인들은 날마다 스트레스를 호소한다. 하지만 막상 효과적으로 자신의 스트레스를 관리하는 사람들은 그다지 많지 않다. 역설적이게도 사람이 스트레스를 관리하는 것이 아니라 도리어 스트레스에 관리당하는 듯하다.

간혹 술이나 담배 등으로 스트레스가 해소된다고 생각하는 이들도 있다. 물론 그 순간만큼은 스트레스에서 벗어난 것 같은 착각에 빠질 수도 있다. 그러나 술이나 담배, 약물은 일시적인 심리적 위안을 가져다줄지는 몰라도 장기적으로는 우리 몸을 해쳐 오히려 더 큰 스트레스를 가져온다. 그렇다면 어떻게 해야 효과적으로 스트레스를 관리할 수 있을까?

일단 떠나라

다소 소극적인 대처법이긴 하지만 가장 기본적인 관리는 가능한 한 스트레스 요인들을 피하는 것이다. 지속적으로 과도한 업무에 시달리는 사람들은 '번 아웃' 상태에 이르면 하던 일에 흥미를 잃어버리고 의욕이 사라져서 아무리 의지로 자신을 부추겨도 달라지지 않는다. 이럴 때 가장 효과적인 방법은 휴지기를 가지는 것이다. 과도한 업무 자체가 스트레스의 요인이기 때문에 업무로부터 일정 기간 떠나야 한다.

자신의 성격이나 가치관과 하는 일이 서로 맞지 않을 때도 스트레스를 받는다. 이런 경우라면 직업이나 직무 자체가 스트레스 요인이 되기 때문에 휴가를 다녀온다고 해서 스트레스가 해결되지 않는다. 해결책은 직업이나 일 자체를 바꿔서 자신과 잘 맞는 환경을 찾아가는 것이다.

'떠남'은 새로운 시작을 가능케 한다. 자신을 옥죄는 스트레스 요인들로부터 과감히 탈피해서 새로운 환경에 놓이면 또 다른 동기부여를 받을 것이고, 그때 받는 스트레스는 긍정적인 긴장감으로 작용해 일의 성과도 높일 수 있다.

관점을 바꿔라

교통사고와 비행기 추락 사고로 반신불수가 된 사람이 있었다. 그는 두 번의 사고 때문에 자신이 할 수 있는 일의 20퍼센트를 잃어버렸다. 하지만 잃어버린 것에 집중해서 평생 불평불만을 하며 살기보다 아직 남은 80퍼센트에 집중해서 그것을 어떻게 활용할지에 골몰했다. 그렇게 자신에게 닥친 위기를 위협이 아닌 기회로 받아들이고 몰입한 결과 그는 시장도 되고 백만장자가 될 수 있었다.

미국의 리처드 칼슨(Richard Carlson) 박사가 쓴 책 중에 《사소한 것에 목숨 걸지 마라》라는 세계적인 베스트셀러가 있다. 이 책의 주제는 '사소한 것에 목숨 걸지 마라. 모든 것은 사소하다'라는 메시지다. 우리를 낙담과 절망에 빠지게 하는 요인들은 대부분 환경적 요인이다. 그만큼 사람은 외부적 요소를 중요하게 생각한다는 의미다. 만에 하나라도 우리를 낙담하게 만드는 수많은 환경을 모두 사소한 것이라고 치부할 수 있다면 우리를 괴롭히는 우울함이나 낙담의 요인들은 대부분 그 힘을 잃어버릴 것이다. 물론 말처럼 쉬운 일은 아니다. 그러나 아주 불가능한 일만도 아닐 것이다.

미국 대통령 중에 가장 인기 있는 대통령은 바로 로널드 레이건이다. 그는 대통령으로 재직하던 두 번의 임기 동안 푸근한 아버지 같은 인상으로 대중적 인기를 한 몸에 받았다. 그가 대통령직에 있을 때 구소련이 붕괴되었다. 이는 당시까지 미국과 소련의 대립으로 상징되던 냉전 체제가 무너지는 역사적인 사건이었다. 이러한 의미에서 레이건 대통령만큼 현대사에 큰 영향력을 미쳤던 정치인도 드물다고 할 수 있다. 그런데 레이건 대통령은 나중에 치매를 앓게 되었다. 자신이 미국의 대통령이었다는 사실도 기억하지 못했다고 한다. 자신이 세계에서 가장 막강한 권력 중 하나인 미국 대통령이었다는 것을 기억하지 못하게 된 레이건의 이야기는 '삶의 모든 것은 결국 사소하다'라는 리처드 칼슨의 주장을 되새기게 한다.

사람 관계 수업

스트레스는 그 결과를 관리해야 한다

스트레스를 주는 요인을 제거하거나 피할 수 있으면 좋겠지만 현실은 그렇게 녹록지 않다. 아무리 노력을 기울여도 스트레스를 받을 수밖에 없는 현실 속에 산다면 스트레스가 나의 몸과 마음을 해하지 않도록 잘 관리하는 것이 중요하다.

그중의 하나가 운동이다. 운동은 스트레스를 관리하는 가장 효과적인 방법이다. 정신적인 스트레스를 육체적인 운동으로 푸는 것이다. 운동을 하면 장기적으로 건강이 좋아지는 것은 물론이고 운동을 할 때 뇌에서 엔도르핀이 분비되어 기분도 좋아지기 때문에 우울해진 마음에 변화를 일으킬 수 있다. 운동 외에도 명상 등을 통해서 마음을 가라앉히는 법을 배우는 것도 효과적인 스트레스 관리법이다. 그 밖에 효과적인 스트레스 관리법으로는 마음을 터놓고 이야기를 나눌 수 있는 사람들과 어울려 지내는 것도 있다.

미군은 세계대전 이후로 끊임없이 군인들을 해외에 파병시켰다. 한국전, 베트남전, 걸프전, 아프가니스탄전 등을 치렀고 아직도 지구상의 어느 곳에서 전쟁 중인 미군도 있다. 그런데 참전군인들 중 오랜 시간이 흐른 후에 괴질로 고생하는 경우가 자주 생겼다. 그러자 미군은 이 문제의 원인을 찾고 해결할 방법을 모색하던 중에 괴질의 원인이 전쟁 중에 받았던 과도한 스트레스라는 것을 찾아냈다. 그리고 괴질을 치료하기 위한 방법은 스트레스를 해소시켜주는 것이라는 사실도 알아냈다. 미군은 괴질을 앓는 사람들을 모아 심리학자나 정신과 의사의 도움을 받게 해서 그들 마음속에 깊이 눌러두었던 스트레스 요인을 털어놓게 함으로써 괴질을 치료했다.

우리도 마음속에 답답한 것이 있을 때 내 이야기를 진심으로 들어주는 누군가와 대화를 나누는 것만으로도 스트레스가 해소되는 경험을 하곤 한다. 이때 이야기를 들어주는 사람은 옳고 그름을 판단하지 않고 그저 상대방의 마음과 느낌을 이해해주려고 노력해야 한다. 그런 사람이 없다면 혼자서 스트레스 요인을 끌어안고 마음고생하지 말고 전문 상담사나 정신과 의사의 도움을 받아야 한다.

모티베이션과 스트레스 관리하기

모티베이션과 스트레스는 사람을 다루는 일에서 가장 핵심적인 문제다. 모티베이션을 일으킬 수 있는 방법은 여러 가지가 있다. 그중에서 특히 세 가지를 강조하고자 한다. 첫째, 개개인의 채워지지 않은 욕구가 무엇인지 잘 파악해야 한다는 것이다. 〈쿵푸 팬더〉의 포에게는 바로 식욕이었다. 그래서 쉬푸 사부는 만두를 이용해서 포 안에 있는 용의 전사를 끄집어낼 수 있었다.

둘째, 긍정적 강화를 위해 노력하라는 것이다. 학교나 회사에서 야단을 치거나 핀잔을 주는 식으로 채찍질을 해서는 학생과 직원들에게 절대 동기부여를 할 수 없다. 그보다는 그들이 무엇을 잘하는지 민감하게 파악하고 잘할 때마다 진정성을 담아 구체적으로 칭찬하는 것이 훨씬 효과적이다. 이렇게 하면 웬만한 사람들은 바뀌게 된다. 진정성이 담긴 칭찬은 받는 사람도 바꾸지만, 칭찬하는 사람도 바꾼다. 야단칠 때와 칭찬할 때, 언제가 더 행복하게 느껴지는가?

셋째, 목표 설정을 잘해야 한다. 애매모호한 목표나 초과 달성 목표(stretching goal)는 역효과를 불러올 수 있다. 연구 결과에 의하면 구체적이고 실현 가능하면서 약간 도전적인 목표를 세울 때 성과가 올라간다.

마지막으로 스트레스 관리의 중요성을 잊지 않았으면 한다. 특히 우리나라 현실에서는 아무리 강조해도 부족하지 않다. 지금까지는 우리나라의 일반적인 조직문화가 열심히 일하는 것만 강조하다 보니 상대적으로 휴가가 얼마나 중요한지에 대한 인식은 상당히 낮다. 쉬는 것도 능력이다. 프로는 잘 쉴 줄 아는 능력을 갖춘 사람이다.

4장

갈등은 어떻게 극복할 수 있을까

영화 〈타이탄즈〉 속 '분' 코치는
미식축구팀의 흑백 갈등을 어떻게 잠재웠을까?
그는 갈등을 새로운 기회로 삼았다.
서로를 더 깊이 알아가는 과정이라 여겼고
다양성은 시너지를 창출하는 에너지로 활용했다.

코치가 선수들을 새벽에 공동묘지로 데려간 이유는?

1971년, 미국 버지니아주 백인이 흑인 소년에게 총을 쏘았고 폭동이 일어났다.

주정부는 흑인과 백인의 통합 고등학교 T.C. 윌리엄스를 설립 합동 미식축구팀을 결성한다.

흑인 수석 코치 '분' 임명.

"우리 타이탄즈 팀은 흑백 갈등 없이 화합해서…."

훈련은커녕 흑백 선수들은 갈등과 싸움만

'분' 코치의 고민은 깊어가고

・・・

만화로 보는 〈사람 관계 수업〉
코치가 선수들을 공동묘지로 데려간 이유는?

아직 깜깜한 새벽
선수들을 긴급
집합시킨다.

한참을 달려
선수들이 도착한 곳은

게티스버그 국립묘지

"이 영혼의 소리를 들어봐.
남북전쟁 때 인종 문제로
서로를 죽였어..
너희도 이런 식이면
결국 파괴될 거야."

큰 깨달음을 얻은 선수들은
마음을 열고 서로 협력하기 시작했고
좋은 성과를 냈다.

사람은 개인과 개인보다
집단으로 나뉠 때
더욱 적대적 관계가 된다.
그래서 화해의 동기가 필요하다.

집단의 갈등은 어떻게 극복할 수 있을까

1971년 1월, 미국 남부 버지니아주에서 흑인 소년이 동네 가게에서 주인이 쏜 총에 맞아 사망한 사건이 일어났다. 가게 주인은 백인이었다. 격노한 흑인들은 가게에 돌을 던지고 함성을 지르며 항의했다. 폭동을 우려한 경찰은 상황을 진정시키려고 노력했지만 그 지역의 뿌리 깊은 인종차별이 만들어낸 갈등은 서서히 비등점을 향해서 치달았다.

버지니아 주정부로서는 근본적으로 흑백 갈등을 치유할 방법이 필요했다. 당시 아이들은 분리정책에 따라 흑인들은 흑인 학교, 백인들은 백인 학교에 보내졌다. 주정부는 이러한 정책의 불합리성을 인정하고 해결하기 위한 방편으로 흑인 학교 한 곳과 백인 학교 한 곳을 통합해 T. C. 윌리엄스라는 새로운 고등학교를 만들었다. 그러면서 상징적으로 두 학교의 미식축구팀도 통합했다. 팀의 이름은 '타이탄즈(Titans)'라고 지었다.

타이탄즈는 윌리엄스고등학교의 축소판이자 나아가 미국 사회의 축소판이었다. 하지만 무조건 백인과 흑인 학생을 한 팀으로 묶어버린다고 근본적인 문제가 해결될 수 있을까? 이 실험은 과연 성공했을까?

사람 관계 수업

현실은 언제나 생각보다 냉혹하고 복잡한 법이다. 서로 다른 두 그룹을 한 팀으로 통합시킨다고 저절로 한 팀이 되는 것은 아니다. 더욱이 흑백 갈등처럼 역사적으로 뿌리 깊은 불신, 미움과 반목이 서로의 마음에 자리 잡고 있는 경우는 오히려 적당히 서로 거리를 두는 것이 큰 갈등을 막는 방법이었는지도 모른다. 서로 반목하는 상대들을 너무 가까이 붙여놓으면 협력은커녕 상호간의 불신과 미움이 적대적인 행위와 말로 표현될 것이고, 그것이 쌓이면 폭력적 상황도 발생하게 된다.

누가 팀의 갈등을 잠재울 것인가

타이탄즈의 초대 수석코치로는 흑인이 임명되었다. 그의 이름은 분(Boone)이었다. 그동안 흑인들이 차별대우를 받아오던 상황에서 첫 수석코치로 백인이 임명된다면 흑인 학생들은 거세게 반발했을 것이다. 흑인 수석코치는 대통합의 상징과도 같은 존재였다. 그렇다고 분 코치가 수석코치로서 자격이 부족한 것도 아니었다. 그는 노스캐롤라이나주에서 몇 번이나 우승을 일궜던 만큼 타이탄즈의 수석코치를 맡기에 부족함이 없었다.

그러나 분 코치의 자격과는 별도로 백인 코치들은 크게 반발했다. 통합 전 백인 학교 미식축구팀의 코치였던 요스트는 타이탄즈의 수석코치 자리가 자신에게 돌아오리라고 내심 기대하고 있었다. 요스트 역시 그동안 맡은 팀을 여러 번 우승으로 이끈 명코치였다. 그는 머지않은 장래에 버지니아주 미식축구 명예의 전당에 자신의 이름이 오르게 될 것으로 생각하고 있었다. 그런 요스트가 통합 축구팀의 수석코치 자리가 자신의 것이라고 생각한 것도 그리 큰 무리는 아니었다. 그러던 와중에 외부에서 온 흑인이 흑백 통합이라는 명분으로 수석코치 자리를 차지하게 되었으니 부당한 처사라고 느끼면서 크게 실망할 수밖에 없었다.

통합된 미식축구팀을 제대로 이끌기 위해서는 분 코치에게도 요스트 코치가 필요했다. 백인 학생들이 팀의 절반인 상태에서 요스트가 부코치를 맡아준다면 팀을 통솔하는 데 큰 도움이 될 게 틀림없었기 때문이다. 분은 요스트의 집으로 찾아가서 부코치를 맡아달라고 요청했다. 하지만 요스트는 분의 요청을 일언지하에 거절했다. 요스트는 성품이 비교적 온유한 편이었지만 그의 마음속 깊은 곳에도 은근히 인종차별주의적인 사고방식이 자리 잡고 있었던 것이다. 분 코치의 제안을 거절한 요스트는 학교에 사표를 내고 1년간 쉰 뒤 다른 지역의 코치 자리를 알아볼 예정이었다.

흑인이 수석코치에 임명되자 백인 선수들과 그들의 학부모들도 반발했다. 그들은 새로 부임한 흑인 코치를 만나보기도 전에 이미 불신부터 하고 있었다. 흑인 코치는 아무래도 흑인 선수들을 편애하게 될 것이고, 백인 학생들이 제아무리 능력이 있어도 선발 자리는 흑인 학생들에게 돌아가는 역차별을 당하지 않을까 불안해했다. 백인 선수들은 요스트 코치가 떠나지 않고 팀에 남아서 자신들을 돌봐주기를 기대하고 있었다.

반면 흑인 학생들과 그들의 학부모들은 이제야말로 자신들의 세상이 왔다며 다들 들떴다. 자신들의 기도에 대한 응답이 분 코치라면서 구세주 같은 존재로 분을 치켜세웠다. 한껏 들뜬 이들에게 분 코치가 자신은 구세주도 기도의 응답도 아닌 일개 코치에 지나지 않는다고 해도 학생들과 학부모들은 분을 '우리의 코치'라고 부르며 기대를 걸었다. 자신을 만나기도 전에 경계하면서 자기방어적인 행동을 보이는 백인 학생들이나, 자신에게 지나친 기대를 거는 흑인 학생들이나 분에게는 모두 부담이었다.

한편 불안해하는 백인 학생들을 책임질 의무가 있다는 생각이 든 요스트 코치는 마음을 바꿔 분 코치의 제안을 받아들였다. 그 대신 조건을 하나 덧붙였다. 자기 밑에서 코치생활을 같이해온 다른 백인 코치도 함께 받아달라는 것이었다. 그는 인종차별 의식이 남달리 강한 사람이었다. 분은 요스트의 그러한 요구가 썩 마음에 들지는 않았지만 한 걸음 양보해서 제안을 받아들였고 그 백인 코치에게는 특별 팀을 맡기기로 했다.

분 코치의 임무

분 코치에게는 팀 내부 상황뿐 아니라 외부 상황도 그다지 녹록지 않았다. 분을 수석코치로 임명한 인사위원회도 그의 편은 아니었다. 백인들이 다수로 구성된 위원회는 상황상 정략적으로 흑인 코치가 필요했을 뿐이다. 그러니 팀에 문제가 생기면 언제든지 그것을 빌미로 분을 해고하겠다고 벼르고 있었다.

이 정도 상황이면 가히 사면초가라 할 만하다. 인사위원회는 분을 해고할 명분을 찾는 데 혈안이 되어 있었다. 팀 내부에서는 자신에게 지나친 기대를 가진 흑인 선수들과 자신을 의심과 불신의 눈초리로 바라보는 백인 선수들 사이에 팬 깊은 감정의 골 탓에 갈등은 쉽사리 해결될 것 같지 않았다. 더욱이 분 코치에게 주어진 시간도 그다지 많지 않았다. 선수들의 마음을 하나로 묶을 수 있는 기회는 시즌이 시작하기 직전 게티스버그대학교에서 벌어지는 2주간의 전지훈련이 전부였다.

이 훈련 기간 동안 한 팀을 이루지 못한 채 시즌에 출전한다면 패배는 불 보듯 빤한 일이었다. 이러한 상황에서 어떻게 타이탄즈를 진정한 의미의 한 팀으로 만들어낼 수 있을까? 흑백으로 나누어진 선수들의 마음을 어떻게 해야 하나의 마음으로 묶어낼 수 있을까? 이것은 분 코치에게 주어진 중대한 질문이자 우리가 생각해야 할 문제이기도 하다.

사람 관계 수업

팀이 지닌 속성을 알아야
팀원을 이해할 수 있다

이제 우리는 개인의 행동을 넘어서 소규모 그룹 혹은 팀의 행동에 대해서 생각해볼 때가 되었다. 개인의 행동과 팀의 행동에는 많은 차이가 있다. 일단 '복잡성'의 문제가 다르다. 예를 들어 팀원이 혼자일 때는 타인과 소통할 필요가 없다. 소통 채널이 전무하다. 1명이 늘어 둘이 되면 둘 사이에 오고 가는 채널은 1개가 된다. 거기에 1명이 더해지면 채널 수는 3개로 늘어난다. 3배가 되는 것이다. 거기에 1명이 더해져 구성원이 4명이 되면 둘씩 맺는 조합이 총 여섯이 되니 채널의 총수가 2배로 늘어 6개가 된다. 이렇듯 한 사람이 늘어날 때마다 소통 채널의 숫자는 기하급수적으로 늘어나며 복잡성을 띠게 된다. 이것이 바로 팀의 특성이다.

팀이란 무엇일까? 팀의 본래 의미는 둘 이상 소수의 사람들이 모여 상호 긴밀한 협력을 통해서 공동의 목표를 이루어가는 체제를 의미한다. 각 팀원에게는 저마다 고유하고 서로 다른 역할과 기능이 주어져 있다. 그러면서도 상호간에 긴밀하게 협력을 하면서 일을 해야 하니 서로 의존도가 높아짐에 따라 한 사람의 행동이 팀 전체에 직접적인 영향을 미치게 되는 '상호의존성(interdependence)'이 생긴다.

한 사람의 실수가 팀 전체의 성패에 직접적인 영향을 미치기도 한다. 이러한 상호의존성은 팀을 다른 종류의 집단들과 구별시키는 가장 의미 있는 특성이라고 할 수 있다. 예를 들어 공중에서 같이 손을 잡고 원을 그리면서 스카이다이빙을 하는 여러 명의 사람들을 상상해보자. 만약에 그중 한 사람이 실수를 하면 다른 사람들의 안전에 직접적인 영향을 미치게 된다. 이는 전형적인 팀이다.

팀을 살리려면 무임승차를 막아라

우리나라 회사는 팀제 중심이다. 하지만 막상 팀에 속해서 일하는 것을 꺼리는 사람도 제법 있다. 팀에서 활동하면 다양한 의견을 모을 수 있고 서로 도와줄 수 있는 장점들도 많지만, 반대로 시간의 비효율적 사용, 갈등 같은 단점들도 있기 때문이다. 특히 팀을 꺼리는 가장 주된 이유는 '무임승차(social loafing 혹은 free-riding)' 현상 때문이다. 이는 조직이 달성하고자 하는 공동의 목표나 조직이 향유하는 공공재에 관해 개인이 자신의 노력이나 비용을 지불하지 않고 그 결과인 편익만을 향유하고자 하는 현상을 일컫는다.

우리나라 조직에도 무임승차 현상은 널리 퍼져 있다. 그런데 집단주의 문화의 영향으로 겉으로 잘 드러나지 않아 리더들이 이 문제의 심각성을 잘 모르는 경우가 많다. 이를 방치할 경우 갈등은 조직 내에 잠복해 있다가 예기치 못한 상황에서 파괴적인 형태로 표출될 수도 있다. 무임승차 현상은 조직 전체의 생산성 저하뿐 아니라 팀원들 사이의 신뢰에 큰 타격을 줄 수 있다. 또 리더십에 치명적인 영향을 끼친다. 그렇다면 어떻게 팀을 관리해야 사전에 무임승차를 막을 수 있을까?

첫째, 팀 디자인 관리다. 팀을 만들 때 우선 인원수가 너무 많지 않은가 살펴봐야 한다. 연구 결과에 따르면 팀의 규모가 커질수록 무임승차가 늘어난다. 그리고 사람이 많아질수록 팀 안에서 자신이 얼마나 공헌하는지 인식하기 어려워지기 때문에 모티베이션이 줄어든다. 팀원 사이의 상호의존도가 높을수록 비슷한 효과가 나타난다. 따라서 팀을 디자인할 때는 규모 및 직무의 상호의존도, 이 두 가지 요소를 고려해야 한다.

둘째, 평가 관리다. 평가는 팀을 평가하는 것과 팀 내 개인을 평가하는 것, 두 가지를 꼽을 수 있다. 팀에 대한 평가를 중시할 경우 무임승차는 늘어나기 마련이다. 그러므로 팀 단위 평가보다는 팀원 개인에 대한 평가가 중시되어야 한다. 각 팀원이 팀의 성과에 얼마나 공헌을 했는지에 대한 평가 제도가 있으면 무임승차 행위는 상대적으로 줄어든다. 각 팀원에 대한 평가는 팀장이 하거나, 다른 팀원들이 동료로서 상호평가하거나, 자신이 스스로의 공헌도를 평가하는 방법 등이 있다. 이 중 어떤 방법을 택하는가보다 중요한 것은 개개인에 대한 평가 자체가 있느냐 없느냐다.

셋째, 공정성에 관한 문제다. 공정성은 누가 얼마나 보상받느냐 하는 '분배 공정성(distribute justice)'과 그 과정이 얼마나 공정하게 이루어지느냐 하는 '과정 공정성(procedural justice)', 두 가지로 나눌 수 있다. 팀에 덜 공헌한 직원이 더 많은 보상을 받으면 다른 팀원들은 보상의 과정이 공정하지 못하다는 불만을 품게 되고, 이후부터 무임승차를 할 가능성이 높아진다. 우리나라 기업에도 연봉제가 도입되어 개개인의 능력별로 보상이 제대로 이루어지는 풍토가 정착되었다. 하지만 아직도 개인의 능력과는 별개의 변수들, 즉 연공이나 연줄 등이 암암리에 영향을 미치고 있다. 그러므로 리더는 자신의 팀원들 사이에 공정성의 문제가 있지는 않은지 잘 살펴야 한다.

넷째, 팀원들 사이에 원활한 커뮤니케이션이 중요하다. 물론 내용도 중요하지만 횟수를 늘리는 것이 중요하다. 업무에 대한 이야기 외에 개인적인 이야기들도 나누면서 자연스럽게 공감대를 형성한다면 이해도 깊어지면서 유대감이 증진된다. 유대감이 높아질수록 무임승차 현상은 줄어든다.

성공하는 팀이 되려면 거쳐야 할 성장 단계

팀의 특성 중 하나는 살아 있는 유기체를 닮았다는 점이다. 팀은 시간
이 흐름에 따라 여러 단계로 변화를 거듭한다. 이러한 성장 과정을 설명
하는 이론은 여러 가지가 있는데, 이 책에서는 그 이론들 중에서 조직
심리학자 브루스 터크먼(Bruce Tuckman)이 주장한 모델을 소개하려고 한다.

그는 성공을 거두는 팀은 크게 네 가지 단계를 거쳐서 완성이 된다
고 주장했다. 그 순서는 형성기(forming), 격동기(storming), 규범기(norming) 그
리고 성과기(performing)다. 이와 관련해서 흥미로운 것은 팀의 성장 단계
가 일견 애벌레가 나비가 되는 성장 단계와 흡사하다는 점이다.

1단계: 형성기

나비가 되는 첫 단계는 알이다. 알의 특징은 두툼하고 딱딱한 껍질
이 있다는 점이다. 껍질은 알 내부에 있는 아직 연약한 생명체를 외부
의 거친 환경으로부터 보호하는 역할을 담당한다. 즉, 알 속에 있는 동
안은 여러 가지 외부 위협으로부터 보호받는 편안한 상태라고 할 수
있다. 사람으로 친다면 태아가 엄마의 자궁 속에 있는 단계로 볼 수 있

다. 모든 영양소는 탯줄을 통해 공급되고 자궁의 보호를 받고 있으니 태아는 그 안에서 편안함을 느낄 것이다.

서로 다른 사람끼리 팀을 이루어 처음 만나게 되면 알 속에 있는 것과 비슷하다. 서로가 서로에게 껍질이 되어 보호해주는 단계다. 결혼을 예로 들어 설명해보자. 결혼의 첫 단계를 '밀월'이라고 한다. 꿀처럼 달고 달처럼 낭만적인 기간이다. 왜 그럴까? 사랑이라는 감정이 모든 부정적인 요인들을 차단시켜 갈등이 생길 여지가 없다. 무엇보다 신혼부부는 자신의 모든 것을 직설적으로 드러내지 않는다. 상대를 배려하는 마음이 앞서기 때문이다. 마치 알 껍질이 그 안의 생명체를 보호해주는 것과 같다.

팀이 처음 꾸려지면 새로 만난 팀원들은 자신이 원하는 것을 드러내기보다는 상대방이 원하는 것이 무엇인지 파악하고 거기에 맞춰주려고 노력한다. 서로에게 예의를 갖추고 각별히 친절하게 행동한다. 게다가 인간관계에서 새로움이라는 기대 요인까지 더해져 좋은 생각만 하게 된다.

2단계: 격동기

'밀월은 끝났다(Honeymoon is over)'라는 표현이 있다. 달콤한 시대가 영원할 수는 없다는 뜻이다. 밀월 시기가 지나고 나면 서서히 갈등이 시작되고, 스트레스를 경험하기 시작하고, 생각지 못한 여러 가지 어려움들이 폭풍처럼 들이닥친다.

나비의 생애에 비유하자면 알에서 애벌레가 나오는 때다. 보호의 시대가 끝나고 위험한 환경을 직시해야 하는 때가 찾아온 것이다. 알을 깨고 나온 애벌레는 날개가 있는 나비가 아니다. 징그러운 벌레에 불과하다. 당장은 달콤한 꿀을 빨아먹고 사는 것이 아니라 온몸으로 기어 다니면서 나뭇잎을 갉아먹는다. 종종 새들이나 더 큰 곤충들의 위협도 받는다.

부부 사이에서도 그동안 눌러두었던 자신의 본래 모습이 슬슬 드러나기 시작한다. 인간은 자신의 욕구를 만족시켜야 살 수 있다. 원하는 것을 마냥 억누르고만 살 수는 없다. 이런 갈등이 반복되면 감정의 골이 깊어지게 마련이다.

팀도 마찬가지다. 초반의 밀월 기간이 지나면서 팀원들도 슬슬 자신들이 가진 '개성'을 드러내기 시작한다. 초반에는 서로 잘 맞아서 비슷한 점만 있는 줄 알았는데 점점 상이한 점들이 발견되고 그중에는 도저히 서로 맞출 수 없는 것들도 있다. 상대방의 행동에 실망을 하면서 갈등으로 이어진다. 마음에 들지 않는 팀원들과는 거리를 두게 된다. 그러다 보니 커뮤니케이션 횟수는 점점 줄고 상호간에 이해보다는 오해가 쌓이기 시작한다. 오해가 불신이 되면서 팀 자체에 대한 회의를 품게 된다.

그때부터 팀에서 일하는 것이 스트레스 요인이 된다. 이런 마음가짐으로는 더 이상 이 팀에서 일하기 힘들다는 생각이 들기도 한다. 이런 단계에서 어떤 사람들은 팀을 뛰쳐나가기도 한다. 이렇게 이탈자가 생

사람 관계 수업

기면 남아 있는 팀원들 사이의 관계도 점점 소원해진다. 이제 팀이 무너지는 것은 시간문제다. 이 단계에서 깨지는 팀들이 많다.

3단계: 규범기

폭풍처럼 몰아치던 갈등의 시기를 극복해내는 팀도 있다. 다시 부부의 예를 들자면, 부부싸움이 잦아지면 상대방의 마음에 깊은 상처를 주는 이야기를 자주 하게 된다. 그러다가 어느 정도 선을 넘어서게 되면 부부관계를 영영 회복할 수 없을 것 같은 예감이 든다. 이때부터는 서로가 넘어서는 안 될 것들, 즉 규칙을 정하기로 한다. 이렇게 갈등을 지혜롭게 극복하기 위해서 함께 지켜야 할 룰을 '규범'이라고 부른다. 두 사람 사이에 차이가 있기 때문에 갈등은 불가피하지만, 갈등으로 서로를 적대시하지 않으려면 서로 합의하에 일정한 '통제'가 필요한 것이다. 이 단계를 넘어서기 위해서는 당사자들이 규칙을 잘 지키려고 노력해야 한다.

이 시기는 나비의 성장 단계로 보면 애벌레가 고치를 만들어 그 안에 들어가는 것에 비유할 수 있다. 고치는 틀이고 일종의 규범이다. 애벌레는 종전처럼 마음대로 돌아다니는 것이 아니라 주어진 틀 안에서 내면의 변화를 꾀하는 시기를 맞게 된다.

사실 갈등이 나쁜 것만은 아니다. 부부 간의 관계나 팀원들 사이에서도 갈등을 통해서 깨닫게 되는 것들도 있다. 격동기의 역설적인 장점이라고 할 수 있다. 사람은 갈등을 통해서만 상대방에 대해서 깊은 이해를 할 수 있게 된다. 어떤 이들은 갈등을 통해 관계가 파괴되기도 하지만, 어떤 이들은 이 갈등 과정을 겪으면서 서로 어떻게 다른가에 대한 진정한 이해를 하게 되며, 차이점을 어떻게 서로 보완할 수 있을까 고민하게 된다.

4단계: 성과기

갈등을 좋아하는 사람은 없을 것이다. 관건은 갈등이 팀에 '파괴적' 역할이 아닌 '생산적' 역할을 해야 한다는 점이다. 이 과정이 규범기, 즉 고치의 과정이다. 고치를 치고 안에 들어가 자신을 되돌아보고 생각하는 시간을 갖다 보면 차이점도 깨닫고 그것을 갈등의 원인이 아니라 상호 존중할 이유로 삼을 수도 있다. 이 과정에서 두 사람 사이의 차이점이 창의적으로 결합되어 한 차원 더 높은 성과를 만들어낼 수도 있다. 이때 비로소 팀으로서의 시너지를 만들어낼 수 있다. 나비가 탄생하는 것이다.

나비가 난다는 것은 현실의 문제를 초월할 수 있게 되었다는 뜻이다. 만약 나비에게 한쪽 날개만 있다면 과연 날 수 있을까. 나비는 양 날개가 있어야만 난다. 팀도 마찬가지다. 성향이 서로 다른 팀원들이 존재해야 예상치 못한 성과도 내게 된다. 나비가 된 팀은 드디어 성과다운 성과를 내기 시작한다. 한 꽃에서 다른 꽃으로 날아다니면서 꽃가루를 옮기고 이 과정에서 꽃들이 씨를 맺는 것을 돕는다. 서로 다른 아이디어가 만나 창의적인 아이디어가 나오게 되는 것이다.

팀이 조직되면 사람들은 곧바로 나비처럼 성과를 낼 수 있길 기대한다. 그러나 그것은 불가능하다. 나비가 되기 위해서는 먼저 애벌레가 되어야 한다. 알에서 애벌레를 거치지 않고 나비가 될 수 없듯이 갈등의 격동기가 없으면 성과를 낼 수 없다.

갈등과 다양성은
어떻게 시너지의 원천이 되는가

타이탄즈 팀에게 밀월 기간은 애시당초 없었다. 워낙 반목이 심해 처음부터 바로 두 번째 단계인 격동기로 돌입했다. 전지훈련을 떠나는 첫날부터 분위기가 좋지 않았다. 팀의 주장이자 백인인 게리와 흑인 선수들의 주장 격인 줄리어스는 코치가 시키는 대로 버스에서도 옆자리에 나란히 앉고 숙소도 같이 쓰게 되었다. 하지만 벽에 포스터를 붙이는 사소한 일로 감정이 폭발해 싸움을 벌였다. 이 싸움은 급기야 패싸움으로 번지고 말았다. 분 코치는 선수들을 따끔하게 야단쳤다. 하지만 선수들 마음속에 있는 다른 인종 선수들에 대한 미움까지 없앨 수는 없었다. 말을 강까지 강제로 끌고 갈 수는 있어도 물을 마시게 할 수는 없는 것처럼 선수들이 하나의 팀으로 마음을 합치는 것은 그들 자신에게 달린 일이었다.

차이 인정하기

분 코치는 전지훈련 초반부터 자신이 비록 흑인이지만 흑인 선수들을 편애하는 일은 절대 없을 것이며, 선수들이 보여주는 능력에 따라

평가하고 선발할 것이라고 수차례 강조했다. 그러나 중요한 것은 분 코치가 자신이 공평하다고 주장하는 것이 아니라 선수들에게 어떻게 보이느냐였다. 특히 백인 선수들 눈에 자신의 태도가 공평하게 보이는 것이 중요했다.

훈련을 시작하면서 선수들은 코치들이 시키는 대로 같이 연습도 하며 겉으로는 하나의 팀으로 지내는 것처럼 보였다. 그러나 식당에 가면 자연스럽게 두 팀으로 나뉘어서 피부색에 따라 따로 식사를 했다. 넉살 좋은 백인 선수가 흑인들 사이에 끼어서 밥을 같이 먹으려고 하면 흑인 주장인 줄리어스가 노골적으로 핀잔을 주기도 했다. 다른 대책이 필요했다.

분 코치는 새로운 카드를 꺼냈다. 틈나는 대로 서로 다른 인종의 학생들을 일대일로 만나 상대방에 대해서 알아나간 후 모든 학생들에 대한 리포트를 작성하여 제출하라는 과제였다. 모든 선수가 이 과제를 다 제출하기 전까지는 훈련의 횟수를 늘려가겠다는 엄포도 곁들였다. 선수들은 하는 수 없이 서로를 마주하고 앉았다. 가족에 대해서 묻고, 좋아하는 것 등에 대해서도 물어보았다. 이 과정에서 서로 다른 인종에 대해 가졌던 편견과 오해가 조금씩 해소될 수 있었다. 서로 어떻게 다른지, 또 어떤 공통점들이 있는지도 발견하게 되었다. 선수들은 자신도 모르게 조금씩 서로를 향해 가까워지고 있었다.

하지만 끝까지 마음의 문을 열지 않은 두 사람이 있었다. 바로 게리와 줄리어스였다. 자존심 강한 이 두 사람은 서로를 무시하면서 버티고 있었다.

갈등을 겪은 관계가 더 돈독하다

팀 분위기는 조금씩 나아지는 듯하다가 이내 문제가 터지곤 했다. 한번은 쉬는 시간에 누가 먼저 물을 마시느냐로 패싸움을 벌였다. 야단치고, 타이르고, 같이 연습시키는 것만으로는 안 되겠다고 판단한 분 코치는 비장의 카드를 꺼낼 수밖에 없었다.

그는 다음 날 새벽 3시에 모든 선수들을 운동장에 집합시켰다. 잠이 덜 깬 상태로 모인 선수들에게 자신을 따라서 뛰어오라고 지시했다. 그러면서 혹 중간에 힘들어 포기하는 선수들이 있다면 캠프로 돌아오지 말고 그냥 짐을 싸서 집으로 가라고 으름장을 놓았다. 선수들은 숨이 차 헉헉거리면서도 낙오자 없이 모두 분 코치 뒤를 따라 끝까지 달렸다. 이들이 도착한 곳은 남북전쟁의 유명한 유적지 중 하나인 게티스버그 국립묘지였다.

땀으로 범벅이 된 몸으로 숨을 고르는 선수들을 모아놓고 분 코치는 이야기를 시작했다.

"자, 이곳에 묻힌 영혼들의 소리를 들어봐. 남북전쟁 때 여러분과 같은 나이의 젊은이들이 인종 문제 때문에 서로를 죽였어. 지금 너희들이 반목하고 갈등하는 것은 총만 안 들었을 뿐, 옛날과 똑같은 싸움을 하고 있는 거라고. 만약에 여러분이 싸움을 멈추지 않는다면 우리도 여기 묻힌 군인들처럼 모두 파괴될 거야. 다만 서로 존중할 수만 있다면 사나이답게 후회 없는 시합을 할 수 있을 거야."

그날 밤 늦은 시간에 연습을 하다가 생각지 않은 일이 일어났다. 게리가 모든 선수들 앞에서 자신의 친구에게 큰 모욕을 준 것이다. 다른 흑인 선수를 방어해주는 플레이를 제대로 못했다는 이유였다. 이전까지는 백인 선수들만 감싸던 그가 180도 바뀐 행동을 보인 것이다. 그러자 이어진 연습에서 줄리어스는 백인 선수를 지켜주기 위해 흑인 선수에게 거친 태클을 걸었다. 게리가 바뀌자 줄리어스도 바뀐 것이다. 그때 게리가 줄리어스에게 다가오더니 먼저 툭 치면서 화해의 제스처를 건넸다.

그 후로 흑인과 백인 선수들은 서로 어깨동무를 하고 다닐 정도로 친한 사이가 되었다. 비 온 뒤에 땅이 굳는다는 격언처럼 애초에 갈등이 전혀 없던 관계보다 더욱 끈끈한 관계가 되었다. 게리와 줄리어스는 절친한 관계가 되었고, 팀도 이제 한마음으로 합심해서 다른 팀들과 신나게 시합해보자는 사기로 충만하게 되었다.

타이탄즈가 애벌레와 고치의 기간을 거쳐 나비로 재탄생하는 순간이었다. 진정한 의미의 팀이 된 것이다. 전지훈련에서 돌아온 타이탄즈는 다른 고교 팀들과의 시합에서 파죽지세로 연승을 이어나가며 주 챔피언에 오르는 쾌거를 이루었다. 그리고 전국대회 준우승 자리까지 올랐다.

다양성은 양날의 칼과 같다

다양성은 팀의 성과를 끌어올릴까? 이 질문에 대한 답을 구한 연구가 있었다. 캘리포니아주립대학교에서 MBA 2년차 학생 8백 명을 대상으로 6~8명 규모의 팀을 만들어 팀별로 문제를 해결하도록 시킨 후 어떤 팀이 더 좋은 성과를 내는가를 실험했다. 다문화팀과 단문화팀 두 종류로 나누고, 각 팀의 성과를 기업체 임원들과 대학교수들이 평가했는데 흥미로운 결과가 나왔다. 성과가 아주 좋거나 아주 나쁜 팀들은 다문화팀이었고, 단문화팀의 성적은 전반적으로 중간에 속했다. 다양성이 성과를 양극화시킨 것이다. 다양성이 갈등과 혼돈으로 이어지느냐, 아니면 시너지를 창출하는 에너지가 되느냐의 문제였다.

다양성은 양날의 칼과 같아서 어떻게 다루느냐가 관건이다. 타이탄즈에서는 인종의 다양성이 초반에는 독이었다가 후반에는 약으로 변했다. 리더의 역할이 주효했다. 여기서 우리는 리더가 '자신의 편'을 편애하지 않고 오히려 반대편을 감싸주고 챙겨주며, 반목하는 두 그룹 사이에 강제로라도 소통하게 하면, 도저히 화합이 안 될 것 같은 팀도 놀라운 시너지를 낼 수 있다는 가능성을 엿볼 수 있다.

우리나라 경영문화는 '동질성'을 중시해왔다. 나와 비슷한 사람들을 모아놓고, 같은 방향으로 보다 빨리 뛰게 만드는 능력이 '경영'이라고 이해해왔다. 다양한 아이디어에서 비롯되는 시너지 효과보다는 효율성을 우선시하는 경영 패러다임이다. 이전에 우리가 가난해서 선진국을 빨리 따라잡아야 할 때는 획일적 경영 패러다임이 효과가 있었다.

하지만 시대가 빠른 속도로 바뀌고 있다. 기업에서 외국인 채용이 늘고 있으며, 여성들의 사회 진출도 활발해졌다. 직장 내 세대별 다양성도 늘었다. 아직 미미하긴 하지만 신체적 장애를 가진 이들에 대한 채용 기회도 확대되고 있다. 그 외에도 종교, 지역, 교육 정도 등 우리 안에도 많은 다양성이 존재한다. 이제 다양성은 선택의 문제가 아니라 현실 그 자체다. 이 현실을 얼마나 빨리 인정하고 효과적으로 적응하느냐가 중요한 이슈가 될 것이다.

한 가지 사례를 들어보자. 호주의 축산업은 우리나라 시장을 새롭게 개척함으로써 큰 이득을 보고 있다. 사실 소고기를 수출하는 많은 나라 중에 호주가 우리나라 시장을 선점하게 된 이면에는 호주에서 사는 한국 사람의 역할이 컸다. 호주에서는 소를 도축할 때 호주 사람들이 먹지 않는 부분은 폐기처분한다. 그런데 그 부위 중에 한국 사람들이 별미로 즐겨 찾는 부분이 있었다. 이를 파악한 어느 한국 이민자가 1990년대에 '테크미트'라는 회사를 설립해서 호주의 소고기를 한국에 수출하는 사업으로 성공하게 되었다. 이민자들의 다양성이 호주의 소고기 수출에 공헌한 것이다. 이렇게 다양성을 잘 활용하면 신시장 개척 등 새로운 경쟁력을 제고하는 데 큰 도움을 얻을 수 있다.

다양성에 익숙지 못한 사람은 이를 위협으로 인식하고, 자신과 비슷한 사람들하고만 어울리려고 한다. 다양성을 시너지의 원천으로 볼 줄 아는 혜안을 가진 리더도 많지 않다. 대부분이 자신과 비슷한 성향의 '내 사람들'을 모아서 같이 일하려고 한다. 그러나 획일성이 지배하는 팀과 회사는 앞선 연구 결과가 보여주듯이 고작 '중간' 정도에 머물 수밖에 없다.

5장

의사결정을 하는 방법부터 배워라

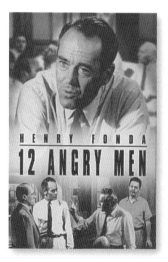

영화 〈12인의 성난 사람들〉 속 8번 배심원은
어떻게 다수의 압력에 대응해 그들의 판단을 바꾸었을까?
사람은 이성적으로 판단하려고 노력하지만
실상은 편견과 쏠림 현상이라는 감정적 요인에 흔들린다.
다수의 사람과 관계 맺기 위해서는
합리적 판단과 설득의 기술이 필요하다.

빈민가의 소년이
아버지 살해범으로 몰렸다.

멕시코 빈민가
폭력 아버지와
소년원 출신 아들

"허구헌날 술 먹고
아들을 때렸어요."

"그날 밤,
그 애가 문을 쾅 닫고
도망가는 걸 봤어요."

12명 배심원 예비 투표 실시

"소년이 범인이라 생각되면
손을 드세요!"

'다른 사람들도
손을 들겠지..?'

'나만 반대하는건
귀찮아 지겠지..?'

단 1명(배심원A)만 소년의 살인 판결에
동의하지 않았다.

"우리 한 시간만
더 토론해보고
판단합시다."

"빨리 끝내고
집에 가고
싶은데."

"소년원 전과 5범이고
행실이 나쁜 아이인데
범인인 게 당연하지!"

"살해 무기인 나이프가
그 소년이 평소
갖고 있던 것과 같아요.
다른 증거가 뭐 필요하죠?"

만화로 보는 〈사람 관계 수업〉
빈민가 소년이 아버지 살해범으로 몰렸다!

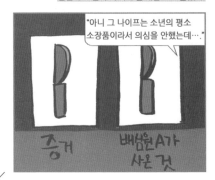

자, 그럼 이번엔
무기명 투표를
해봅시다!

[소년 유죄 10명]
[소년 무죄 2명]

추가 조사가 다시 진행되었고
무죄 증거가 더 발견되어
소년 무죄로
최종 판결

사람은 다수의 판단에
휩쓸릴 때
더욱 현명해질 필요가 있다.

무엇이 집단의 올바른 선택을 방해하는가

'회사를 계속 다녀야 할 것인가, 그만둬야 할 것인가?' 최근에 한 직장인이 내게 조언을 구하면서 던진 질문이다. 우리는 종종 선택의 기로에서 고민을 한다. 이처럼 선택의 능력은 삶의 핵심적인 능력이다. 오늘 나의 모습은 과거에 내가 한 선택의 결과이며, 지금 내가 어떤 선택을 하는가가 장래 나의 모습을 결정한다. 돌이켜보면 잘한 선택도 있지만 후회스러운 선택들도 많다.

사람을 다루는 일은 선택과 밀접한 관련이 있다. 어떤 사람을 채용할 것인가? 누구를 어디에 배치할 것인가? 해외 파견자로 누구를 선발할 것인가? 누구를 승진시킬 것인가? 또 상황에 따라 누구를 내보내야 할 것인가? 어떤 선택도 쉬운 것이 없다. 리더는 자신에 관한 결정뿐 아니라 다른 사람에 대한 결정을 해야 할 때가 많다. 가정, 학교, 직장에서 함께하는 사람들의 삶에 큰 영향을 미치는 선택을 해야 할 때가 있고, 그들의 선택을 도와야 할 때도 있다.

선택과 관련된 행동을 '의사결정(decision making)'이라고 한다. 이번 장에서는 어떻게 하면 올바른 의사결정을 할 수 있는지 생각해보려고 한다. 의사결정의 형태와 의사결정상의 중요한 오류들은 어떤 것이 있으며, 그 오류를 줄이기 위해서는 어떤 방법들이 있는지 살펴보자.

영화 〈12인의 성난 사람들〉을 통해 본 의사결정의 방법

한 소년이 법정에 섰다. 죄목은 살인. 검찰에 따르면 이 소년은 아버지를 칼로 찔러 죽였다. 빈민가에서 자란 멕시코계 18세 소년이었다. 그의 가정환경은 불우했다. 폭력을 자주 휘두른 아버지에게 얻어맞는 일이 다반사였다. 10세 때 소년원에도 다녀왔고, 강도 등의 범죄 경력도 있었으며, 칼부림하는 싸움에 관여한 적도 있었다. 하지만 본인은 아버지를 살해하지 않았다고 강력하게 주장했다.

검사 측이 소년을 살인범이라고 지목하면서 제시한 근거는 정황적인 증거들뿐이었다. 소년이 아버지를 찌르는 것을 봤다는 같은 동네에 사는 여인의 증언, 그리고 집에서 싸우는 듯한 소리가 나더니 뭔가 쿵 하고 바닥에 떨어지는 소리가 난 후 소년이 집을 뛰쳐나가는 걸 봤다는 아랫집 사람의 증언이었다. 그런데 아버지의 가슴에 꽂혀 있던 잭나이프에서 소년의 지문은 발견되지 않았다. 다만 잭나이프의 생김새가 피의자 소년이 그날 저녁까지 가지고 있던 것과 같은 모양으로 보인다는 친구들의 증언이 있었다.

소년은 아버지가 살해된 것으로 추정되는 밤 12시경, 자신은 집에 없었고 극장에서 영화를 보고 있었다고 주장했다. 그러나 영화의 제목도 영화에 누가 등장했는지조차도 기억하지 못했다. 소년을 극장에서

봤다는 증인도 나타나지 않았다. 소년은 그날 저녁에 잭나이프를 하나 사서 가지고 다니다가 어디선가 잃어버렸다고 했다. 바지에 난 구멍으로 빠져버린 것 같다고 했다.

여러 날에 걸쳐 재판 과정을 지켜본 배심원 12명이 최종 결정을 내리기 위해서 한 방에 모였다. 그동안 제시된 증인들의 이야기와 살인 현장에서 발견된 잭나이프가 그들에게 알려진 증거의 전부였다. 그것들을 바탕으로 소년이 유죄인지 무죄인지 판단하는 것이 배심원들의 임무였다.

배심원들은 그 분야에 정통한 전문가들이 아니라 다양한 직종에 종사하는 평범한 사람들이었다. 그리고 재판의 의사결정 방법은 다수결이 아니라 만장일치제였다. 만약 단 한 사람이라도 의견이 다르면 결정이 나지 못한 것으로 보고, 다시 처음부터 시작해야 했다. 그리고 만장일치로 유죄라는 결정이 내려지면 소년은 사형선고를 받는 상황이었다.

아버지를 살해한 소년에 관한 엇갈린 시선

배심원들은 자신과는 직접적인 관련이 없는 이 소년에 대한 재판을 얼른 마무리하고 집에 가길 원했다. 어떤 배심원은 그날 저녁에 있는 프로야구 중계를 꼭 봐야 한다고 했고, 또 다른 배심원은 배심원 의무를 다하느라 자기 사업을 제대로 챙기지 못해 금전적으로 손해가 많다며 투덜댔다. 12명의 배심원들은 자신들이 원해서, 혹은 이 사건에 특별한 관심이 있어서 선발된 것이 아니었다. 법원이 일방적으로 지역 주민들 중에서 무작위로 선발해 배심원으로 임명했기 때문에 마지못해 배심원 자리에 앉게 된 사람들도 있었다.

배심원들은 각자의 이름이 아니라 1번부터 12번까지 배정된 번호로 호명되었다. 1번 배심원, 2번 배심원…… 이런 식이었다. 12명 중에 한 사람이 배심원장으로 선발되고 그가 전체 의사결정 과정을 이끄는 리더 역할을 맡았다. 테이블에 앉은 순서대로 배심원장이 1번, 그 왼쪽에 앉은 사람이 2번, 이런 식으로 시계방향으로 돌아가면서 각자의 번호가 정해졌다.

본격적인 토의에 들어가기 전에 우선 예비투표를 하는 것이 일반적인 관례였다. 배심원 각자의 의견이 어떤지 표시하고 만약에 이 투표에서 12명 모두 의견이 같은 것으로 나온다면 더 이상 토론할 필요가 없었다. 그러면 바로 배심원단의 판결을 내리고 배심원들은 집에 갈 수 있었다. 그러나 의견이 갈리면 아무리 오랜 시간이 걸리더라도 모두가 합의에 이를 때까지 토의해야 했다.

배심원들은 무기명 투표가 아니라 손을 들어서 자신의 의견을 표시하는 방법으로 예비투표를 하기로 했다. 먼저 배심원장이 "유죄라고 생각하는 사람 손을 들어보라"고 하자 서너 명의 손이 올라갔다. 그리고 잠시 후부터 하나둘씩 뒤따라 천천히 손을 드는 사람들이 생겼다. 이들은 좌우를 살펴보면서 사람들이 얼마나 많이 손을 올리는지 눈치를 보고 따라 올리는 사람들이었다. 그렇게 11명의 손이 올라갔다. "무죄라고 생각하는 사람 손을 들라"고 하니 1명이 손을 들었다. 결과는 11 대 1. 혼자 다른 의견을 낸 사람은 8번 배심원이었다.

예비투표에 딱 1명이 반대하는 것으로 나타나자, 유죄에 손을 올렸던 배심원들 중 한두 사람이 바로 짜증스러운 반응을 보였다. 다른 배심원은 8번 배심원에게 "당신은 정말로 소년이 무죄라고 믿느냐?"라면서 다그치듯 따져묻기도 했다. 공격적이고 무례한 태도에 8번 배심원은 화를 낼 법도 했지만 그러지 않았다.

이 영화 속 상황을 보면 실제로 사람들이 어떻게 의사결정을 내리는지 알 수 있다. 사람들은 객관적 정보를 바탕으로 스스로 판단하기보다는 다수의 의견을 그냥 따르는 '쏠림 현상(conformity)'에 의해 의사결정을 내린다. 자신과 의견이 다른 사람을 인정하고 존중하기보다는 다수를 따르지 않는 소수에게 압력을 가하기도 한다. 이런 상황은 가정이나 직장 등 사람이 모여 의사결정을 하는 상황이라면 어디서나 벌어진다. 만약에 내가 8번 배심원처럼 외로운 소수의 반대자가 된다면 다수의 압력에 어떻게 대응을 할 것인가?

개인을 향한 집단의 공격

8번 배심원은 담담한 목소리로 이야기를 이어나갔다. "다들 유죄라고 주장하는 분위기에서 혼자만 아니라고 하기가 쉽지는 않았지만, 한 사람의 목숨이 걸린 문제를 제대로 파악도 안 해보고 무작정 결정내릴 수는 없는 일 아닙니까?" 그러자 프로야구 광팬이라는 배심원이 고

집을 부렸다. "아무리 오랜 시간 동안 논의해도 내 마음은 바뀌지 않소." 8번 배심원은 다시 말했다. "난 당신의 마음을 바꾸려는 것이 아니오. 1시간 정도 서로 이야기를 나누어본 후에 그때 가서 최종 결정을 하자는 거요. 야구경기가 시작하기 전에 토론은 끝날 겁니다." 야구 타령을 하던 배심원도 더 이상 대꾸하지 못했다.

분위기가 소강상태에 들어가자 12번 배심원이 제안했다. "그럼 각자 자신이 왜 유죄라고 생각하는지 설명을 해보죠. 그러면 8번 배심원이 우리의 생각을 듣고 마음을 바꿀 수도 있지 않겠어요?" 아예 다수인 자신들이 옳고 소수인 8번 배심원의 판단이 틀린 것으로 가정하고는 그의 마음을 바꾸어서 빨리 재판을 마치자는 의도였다. 다른 배심원들도 동조했다. 8번 배심원도 그 의견에 동의했다.

배심원장 바로 왼쪽에 앉아 있던 2번 배심원부터 자신의 의견을 피력하기 시작했다. "딱히 뭐라고 콕 짚어서 설명하긴 어렵지만 그냥 난 소년이 유죄라고 생각합니다. 소년 본인도 자신이 죄가 없다는 것을 제대로 증명하지 못했잖습니까." 그의 얘기를 잠잠히 듣고 있던 8번 배심원은 반박했다. "죄를 입증하는 책임은 피의자에게 있는 것이 아니라, 검사 측에 있습니다. 피고는 말을 못하게 되어 있는 것이 법이지요." 이에 2번 배심원은 잠시 당황했지만 소년이 아버지를 살해하는 것을 직접 본 증인도 있지 않느냐며 주장을 굽히지 않았다.

그러자 옆에 있던 3번 배심원이 이야기를 이어갔다. 자신은 사적인 감정을 빼고 사실만 얘기하겠다고 선언했다. 그는 아래층에 살던 노인의 증언을 거론했다. 노인은 살인이 있던 날 밤 12시 10분경 아버지와 아들이 크게 싸우는 소리가 난 후 아들이 '죽일 거야' 하고 소리치는 것을 들었다고 말했다. 그 후 마룻바닥에 뭐가 쓰러지는 소리가 들려서 나가보니 아들이 집을 뛰쳐나가고 있어서 경찰에 신고했고, 경찰이 도착해서 보니 아버지의 가슴에 칼이 꽂혀 있었다고 증언했다는 것이다. 3번 배심원은 이것은 모두 다 사실이므로 그 아이는 유죄라고 주장했다.

4번 배심원도 말을 이어갔다. 그의 논조는 대략 다음과 같았다. "그 아이의 얘기는 설득력이 약해요. 영화를 봤다고 하는데 영화 제목도, 누가 나왔는지도 기억하지 못하잖아요. 영화관에서 그 아이를 봤다는 사람도 없고요." 그가 얘기를 채 마치기도 전에 테이블 건너편에 앉아 있던 10번 배심원이 "길 건너에 사는 여자가 살인을 목격했다는 증언도 있지 않았나요?"라면서 갑자기 논의에 끼어들었다. 다른 배심원 한 명이 순서를 지키라고 항의했지만, 10번 배심원은 무시하고 자신의 이야기를 이어나갔다.

"그 여자는 그날, 잠이 안 오고 날씨도 더워서 창밖을 내다보았는데 그때 마침 그 아이가 아버지를 찌르는 걸 봤답니다. 그때가 12시 10분이고 모든 게 맞아떨어져요. 전철길 옆에 창이 있어서 살인 장면을 봤다고 하잖아요?" 8번 배심원이 그때 전철이 움직이고 있었다고 반박을 하자 10번 배심원이 다시 반박했다. "시내로 들어가는 전철이라 사람이 없었고 전철 안에 불도 꺼져 있었어요. 불이 꺼져 있을 때는 밖이 보인다고 증명해 보이지 않았나요?" 그러자 8번 배심원은 그에게 같은 빈민가에 사는 그 여자의 이야기는 믿고 소년의 이야기는 못 믿느냐고 반문했다. 10번 배심원은 회의를 시작하기 전에 빈민가에 사는 사람들은 믿을 수가 없다는 차별적인 이야기를 해서 다른 배심원의 빈축을 샀기 때문이었다.

배심원장은 소란스러워진 장내를 진정시키기 위해 5번 배심원에게 발언권을 주었다. 그러나 5번 배심원은 발언을 포기했고, 6번 배심원의 이야기가 시작되었다. 그는 다소 심각한 표정을 지으면서 살인죄인지 증명하려면 범죄 동기가 있는지 살펴야 하는데 소년이 자기 아버지를 죽일 만한 충분한 동기가 있어 보인다며 이렇게 주장했다. "그날 저녁 8시경에 아버지와 다투다가 두어 대 얻어맞았다는데 그게 소년의 살인 동기라고 생각합니다." 8번 배심원은 이 의견에 반박했다. "소년이 아버지한테 평생 맞고 살았는데 그날 저녁에 두어 대 얻어맞았다고 갑자기 살인 충동을 느꼈다는 건 무리가 있습니다." 이에 4번 배심원이 끼어들었다. "사람마다 참을 수 있는 한계가 있는데 이 소년의 경우는 그날 밤이 그 한계점이었을 수도 있죠."

7번 배심원 순서가 되었다. 그는 그날 저녁에 있을 프로야구 중계를 보러 가고 싶어서 이 재판을 빨리 끝내버리자고 말한 사람이었다. 그는 이렇게 주장했다. "나올 얘기는 이미 다 나왔군요. 그리고 소년은 전과 5범에 10세 때 이미 소년원에 다녀오고 강도짓도 하고 칼싸움도 했는데 그런 아이가 자신이 무죄라고 주장하는 것은 신빙성이 전혀 없소." 다음은 9번 배심원 순서였지만 아까 8번 배심원에게 핀잔을 들었던 10번 배심원이 갑자기 끼어들어 8번 배심원의 이야기도 들어보자고 했다.

배심원장은 원래 8번 배심원을 설득시키기 위해서 다른 사람들이 돌아가면서 이야기하기로 정한 것이니 원래대로 9번 배심원의 이야기를 듣도록 하겠다고 말했다. 그러자 10번 배심원이 배심원장에게 애처럼 굴고 있다며 비아냥댔다. 그 말에 기분이 상한 배심원장이 자리에서 일어나 창가로 가더니 10번 배심원에게 배심원장 자리를 내줄 테니 당신이 배심원장을 하라면서 다툼이 벌어졌다.

배심원 각자의 행동에서 드러나듯 대다수의 의사결정은 합리적인 것과 거리가 있다. 우리는 보통 공정하고 객관적인 자료와 정보를 논리적으로 분석한 후에 의사결정을 내린다고 생각하지만 현실은 그렇지가 않다. 편견, 고정관념, 감정, 쏠림 등으로 인해 의사결정이 비합리적인 방향으로 흐르는 경우가 많다.

반론의 결정적 단서

잠시 소란스러웠던 분위기가 가라앉자 8번 배심원은 자신의 이야기를 시작했다. 그는 소년이 살인범이라고 확신에 차서 주장하는 것 자체가 이해가 가지 않는다고 말했다. 소년의 변호사도 증인들에 대한 반대 심문을 할 때, 그들의 증언을 하나하나 지적하면서 잘못된 점들이 있는지 철저하게 파고들었어야 했는데 그러지 못했다는 것이다. 그리고 소년의 범죄를 증명할 확실한 증거는 하나도 없는 상태에서 겨우 두 증인의 증언에 따라 유죄를 주장하는데, 만에 하나 그 증언들이 정확하지 않다면 어찌하겠느냐고 반문했다. 그러자 11번 배심원이 증인들은 거짓말을 하지 않겠다는 선서를 하고 증언한 것인데 틀릴 수 없다고 대응했다. 그에 대해 8번 배심원은 이렇게 응답했다. "당신도 그들이 틀릴 수 있다는 것을 알고 있잖아요. 그들도 사람이고 사람은 틀릴 수 있는 것 아니오?"

그러자 이번엔 4번 배심원이 11번 배심원을 거들고 나서며 꼼꼼히 논리적으로 따져보자고 했다. "소년은 저녁 8시 10분경에 아버지한테 얻어맞고 집을 뛰쳐나갔고, 나가서는 근처 가게에서 잭나이프를 하나 샀어요. 8시 45분경에 친구들을 만나서 1시간 정도 같이 다니다 헤어졌고, 밤 10시경에 집에 들어왔다가 다시 11시 반경에 집을 나가서 극장에 갔다고 주장했는데, 무슨 영화를 봤는지 그 영화에 누가 나왔는지 기억도 못하고 영화관에서 그 소년을 봤다는 증인도 없어요. 게다가 소년이 잃어버렸다는 잭나이프는 손잡이 무늬가 아주 독특해서 그걸 판 가게 주인의 말에 의하면, 그런 모양의 잭나이프는 그거 딱 하나였고 다른 곳에서도 구하기 힘든 것이라고 했어요. 소년의 친구들도 그날 소년이 갖고 있던 잭나이프와 아버지 가슴에 꽂혀 있던 잭나이프의 모양이 흡사하다고 했는데 그럼 잭나이프는 어떻게 설명할 수 있나요?"

그러자 8번 배심원은 잭나이프를 다시 한 번 보자며 배심원장에게 가져다달라고 요구했다. 배심원장이 잭나이프를 가져오자 4번 배심원은 이런 잭나이프는 어디서도 구할 수 없다고 말하며 확신에 찬 표정으로 잭나이프를 책상 위에 꽂았다. 그러자 8번 배심원은 자신의 주머니에서 잭나이프를 하나 꺼내 증거물인 잭나이프 바로 옆에 꽂았다. 두 개의 모양이 똑같았다. 그것은 8번 배심원이 전당포에서 몇 달러 주고 산 것이었다.

순간 배심원들은 크게 술렁거렸다. 그러나 3번과 4번 배심원은 자신들의 주장을 굽히지 않으며 흥분했다. "그럼 소년이 아닌 다른 사람이 똑같이 생긴 나이프로 소년의 아버지를 찔러 죽였다고 믿으라는 말이오?" 이에 8번 배심원은 그럴 가능성을 배제할 수 없다고 주장했다. 하지만 다른 배심원들의 생각은 변하지 않았다.

의사결정 과정 속 집단의 비이성

몇몇 사람들의 거센 반발에 부딪힌 8번 배심원은 창밖을 내다보면서 잠시 생각에 잠겼다. 그러더니 다른 배심원들에게 제안을 했다. "그럼 다시 한 번 예비투표를 합시다. 대신 이번에는 무기명 투표로 하고 만에 하나라도 아까처럼 11명이 다 유죄로 나오면 내가 포기를 하겠소. 그러나 한 명이라도 무죄가 나온다면 이 사건에 대해서 좀 더 이야기를 해보도록 합시다." 이에 모두 동의했다.

배심원장은 종이를 1장씩 돌리면서 유죄인지 무죄인지 써서 내달라고 했다. 8번 배심원은 빠지고 나머지 11명의 배심원들이 종이에 자신의 의견을 써서 냈다. 배심원장은 투표용지를 하나씩 펼쳐나갔다. 첫 번째, 두 번째, 세 번째, 네번째······. 예상했던 대로 계속 유죄 의견이 나왔다. 그런데 거의 뒷부분에 가서 무죄 의견이 적힌 종이가 나왔다. 이제는 싫든 좋든 약속대로 12명의 배심원들이 자리에 앉아 사건에 대해서 그동안 나왔던 증거들을 다시 검토하면서 합의에 도달해야 했다.

영화 〈12인의 성난 사람들12 angry men〉 속 이 상황은 의사결정의 현실이 어떠한지 잘 보여준다. 의도적이든 아니든 사람들은 의사결정을 하면서 많은 오류를 범한다. 다수가 의사결정에 참여한다고 해서 그런 오류가 줄어드는 것은 아니다. 이 이야기의 상황처럼 오히려 오류는 확대되기도 한다. 배심원들의 최종 판단이 어떻게 나올까 궁금하겠지만 그보다 더 중요한 것은 배심원들의 행동을 통해서 사람들이 실제로 어떻게 의사결정을 내리며, 이 과정에서 발생되는 문제들은 무엇이며, 그것들을 어떻게 해결할 수 있는가 하는 것이다. 이제 이 질문들에 대한 답을 찾아보도록 하자.

어떻게 하면 현명한 선택을 할 수 있을까

12명의 배심원들 중에 10명은 유죄를, 2명은 무죄를 선택했다. 무엇이 이런 차이를 가져왔을까? 이들은 재판이 시작될 때부터 종료될 때까지 같이 있었고, 보고 들은 정보도 모두 같았음에도 불구하고 어떤 이는 유죄, 어떤 이는 무죄라는 결론에 도달했다. 이는 같은 정보가 주어져도 그것을 어떻게 처리하는가에 따라 결과는 달라질 수 있음을 보여준다. 더 중요한 것은 유죄와 무죄의 판단 중 어떤 판단이 더 옳은 것인가 하는 점이다.

다수결의 원칙에 의하면 다수가 맞고 소수가 틀리다는 가정이 성립하는데 혹시 다수가 틀리고 소수가 맞는 경우는 없을까? 있다면 왜 그런 일이 벌어지는 걸까? 다수가 틀린 선택을 하게 되는 원인은 무엇일까? 배심원실에서 일어났던 상황을 검토해보면 의사결정과 관련해서 여러 가지 의문이 생겨난다. 이러한 의문들에서 의미 있는 답을 얻는 것은 대단히 중요한 일이다. 적어도 이 상황에서는 한 사람의 목숨과 직결된 문제기도 하다.

의사결정은 선택과 밀접한 관련이 있다. 삶은 선택의 연속이다. 우리는 점심 메뉴를 고르는 것과 같이 날마다 반복되는 사소한 선택부터 대학에 입학할 때 전공 분야를 선택하는 것처럼 인생을 좌지우지하는 중대한 선택까지 매일 선택의 상황에 직면한다. 때론 한 번 선택하면 돌이킬 수 없는 중차대한 선택의 기로에 서기도 한다.

선택의 딜레마

선택은 매번 고민스럽다. 하나를 선택한다는 것은 나머지를 포기하는 것이기 때문이다. 무엇을 고를까보다 무엇을 포기할까 하는 결정이 더욱 어렵게 느껴진다. 혹시라도 잘못된 선택을 해서 후회할까 봐두려운 생각마저 든다. 미래는 늘 불확실성으로 가득 차 있고, 우리는 이러한 불확실성을 두려워한다. 그래서 모든 선택에는 위험이 따른다.

선택에 포함된 불확실성 때문에 스트레스를 받는 사람들이 많다. 그래서 선택을 미루기도 한다. 그러나 미룬다고 해서 스트레스가 없어지는 것은 아니다. 우리는 어렸을 때부터 선택하는 법을 제대로 배우지 못했다. 어느 학교를 갈지 무슨 전공을 할지와 같은 장래에 관한 중요한 선택도 경험이 많은 부모나 선생님들이 대신 해주거나 적어도 결정에 깊이 간섭하는 경우가 많기 때문이다. 이처럼 어려서부터 스스로 의사결정을 하는 훈련이 부족하다 보니 어른이 되어 선택을 해야 할 때 스트레스를 많이 받게 된다.

그러나 내가 해야 할 선택을 언제까지나 다른 사람에게 맡길 수는 없다. 스스로 과감한 결정을 내려야 할 때가 있다. 문제는 어떻게 해야 현명한 선택을 할 수 있는가다. 특히 리더나 경영자들의 의사결정은 개인의 신상을 넘어서 조직과 국가의 미래까지 좌우할 수 있으므로 중대한 일이다. 그만큼 의사결정 능력은 가장 핵심적인 리더의 능력이라할 수 있다. 이 능력을 제대로 갖추지 못한 사람이 리더로 성공하기는힘들다. 삼성그룹의 최고경영자가 미래 사업 경쟁력 강화를 위해 어떤결정을 하느냐에 따라 회사의 명운이 갈리고 조직원들의 목표와 비전도 달라진다. 또한 회사의 조직개편과 채용 등에 관한 의사결정은 대상이 되는 사원들과 그들 가족의 삶에까지 직접적인 영향을 미치는중대한 사안이다.

의사결정의 세 가지 모델

기업과 사람의 운명을 가르는 의사결정은 어떻게 이루어지는 것일까. 대부분의 의사결정은 수집된 정보를 바탕으로 이루어진다. 그런데정보를 수집하는 방법과 목적, 주어진 정보를 분석하고 활용하는 방법은 개인마다 다르다. 사람들이 의사결정을 할 때 정보를 필요로 하는 이유는 합리성에 대한 욕구가 있기 때문이다. 즉, 사람들은 합리적인 존재가 되고 싶어 하는데 이러한 욕구가 선택과 관련된 행동에서가장 잘 드러난다고 볼 수 있다. 합리성을 기준으로 의사결정을 하는행동을 분석해보면 세 가지 형태가 드러난다. 첫 번째는 합리적 모델(rational model), 두 번째는 제한적 합리성 모델(bounded rationality model), 그리고마지막으로 합리화 모델(rationalizing model)이다.

경제학에서는 사람을 '합리적 존재'로 가정한다. 합리적이라고 함은 계산적인 존재라는 말과 동일하다. 사람은 늘 어떤 사안을 두고 자신에게 이득이 될지, 손해가 될지를 머릿속에서 끊임없이 판단한다. 이익은 최대화하고 손해는 최소화하는 것이 사람들의 기본 욕구다. 그러다 보니 주어진 선택의 상황에서 어떤 종류의 '옵션'이 있는지 살펴보고 각각의 옵션에 대한 손익계산을 한 후에 그중에서 가장 이익이 큰 옵션을 최종적으로 선택하게 된다는 것이다.

예를 들어 고구마를 산다고 하자. 목적은 당연히 가장 품질이 좋은 고구마를 가장 싼 가격에 구입하는 것이다. 이 목적을 달성하려면 어떤 선택들이 가능한지 정보를 수집해야 한다. 인터넷 쇼핑을 통해서 구매하기로 하고 일단 판매 사이트에 올라온 고구마에 대한 모든 정보를 수집한다. 고구마의 종류도 밤고구마, 호박고구마, 자색고구마 등 여러 가지가 있다. 크기도 대, 중, 소 각양각색이다. 판매자는 수십 명이다. 쇼핑몰에 등록된 고구마 사진, 판매자별 평가점수, 구매 후기들을 다 훑어본다. 가격, 배달 시간, 조건 등의 정보도 중요하다. 구할 수 있는 정보를 다 구해서 큰 도표를 만들어 살 수 있는 고구마별로 정리를 한다. 모든 정보들을 계량화해서 총점을 구하면 순위가 나오게 되고, 1등으로 선정된 고구마를 구입한다.

지금까지의 이야기를 정리하면 합리적 의사결정은 다음 순서대로 이루어진다. 1)문제가 무엇인지 정의한다. 2)그 문제를 해결할 수 있는 옵션들이 무엇인지 알아낸다. 3)각 옵션별로 비교할 수 있는 기준들을 정하고 그것에 따라 정보를 구한다. 4)정보를 규합하여 계량화하고, 계산을 해서 순위를 매긴다. 5)그중 최고의 옵션을 선택한다.

°제한적 합리성 모델

합리적 의사결정 유형은 논리적으로는 맞는 이야기지만 그 안에 여러 가지 문제점을 품고 있다. 가장 큰 문제는 '비현실적'이라는 점이다. 예로 든 고구마 구매 과정에서 인터넷 쇼핑몰에 올라온 고구마에 대한 모든 정보를 다 구하는 것은 불가능하다. 시간이 무한대로 많다고 하더라도 정보를 구하는 동안 웬만한 사람들은 지쳐버릴 것이기 때문이다. 또한 사람의 두뇌는 능력이 제한적이라 세상에 있는 정보를 다 구한다고 해도 그 정보를 모두 처리하는 것은 불가능하다. 예를 들어 각 구매 후기를 어떻게 계량화할 것이며 가격·종류·판매자 신뢰도 등의 여러 가지 판단 기준에 어떻게 객관적인 가중치를 정할 것인가. 이러한 한계들 때문에 합리적 의사결정 모형은 이상적이지만 현실적이지 못하다는 비판을 피하기 어렵다.

보다 현실적으로 의사결정하는 과정을 이해하기 위해 앞의 예로 돌아가보자. 일단 가장 좋은 고구마를 구한다는 것이 불가능하기 때문에, 혹 가능하더라도 현실적으로 시간과 다른 자원이 너무 많이 들어가기 때문에 최고를 구입하는 것은 포기하자. 대신 최소한 이 정도면 만족할 수 있다는 기준을 세운다. 대략 이 정도면 만족할 수 있다는 것을 '만족화(satisficing)'라고 한다. 그런데 이 단어를 자세히 살펴보면 보통 '만족한다(satisfying)'의 의미와는 다르다는 것을 알 수 있다. '만족화'는 일반적으로 만족한다는 뜻이 아니라 '최소한의 만족'을 의미하는 단어다.

이 과정을 정리하면 다음과 같다. 1)문제를 정의한다. 2)문제를 해결할 수 있는 '최소한'의 기준을 정한다. 3)문제 해결에 도움을 줄 수 있는 옵션들을 정하고 그에 관한 정보를 구한다. 4)모든 정보를 다 규합해서 분석 비교하여 최고를 찾는 것이 아니라, 옵션들 중에 '최소한'의 기준에 맞는 것이 있으면 그것을 문제의 해결안으로 선택함으로써 의사결정을 마친다. 가장 좋은 고구마를 찾는 것이 현실적으로 불가능하기 때문에 자신에게 주어진 한계 속에서 '이 정도면 괜찮다'라고 받아들일 수 있는 최소한의 기준을 정해놓고 그 기준에 맞는 고구마가 나타나면 그것을 선택한다는 의미다.

이 모델은 카네기멜론대학교 교수인 허버트 사이먼(Herbert A.V.Simon)이 개발한 것으로 '만족화'라는 단어도 그가 처음 만들어낸 것이다. 그는 기존의 경제학에서 주장하는 합리적 모델과는 다른 제한적 합리성 모델로 혁신적인 연구 성과를 인정받아 1978년 노벨경제학상을 수상하기도 했다.

°합리화 모델

MIT의 솔버그(Soelberg, P. O.) 교수는 자신이 가르친 MBA 학생들이 졸업

후 취직을 하면서 회사를 선택할 때 어떠한 의사결정 과정을 거치는지 궁금했다. 학생들을 대상으로 연구한 결과 그들의 의사결정은 '합리적 모델'도 '제한적 합리성 모델'도 아닌 다른 패턴을 따른다는 것을 발견했다. 학생들은 채용시장에 나가서 여러 회사들을 비교 검토한 후에 가장 좋은 회사나 최소한 몇 가지라도 마음에 드는 회사를 선택하는 것이 아니라 MBA과정에 들어오기 전부터 이미 마음속으로 정해둔 회사를 선택했다. 명확한 근거로 비교 분석하기 전에 미리 마음속에 정해놓은 선택을 '잠재적 선호(implicit favorite)'라고 한다.

솔버그 교수는 이런 현상에 주목했다. 학생들은 가장 좋은 곳 혹은 적어도 자신의 마음에 드는 곳을 찾기 위해서 여러 회사를 비교 분석하지만 이는 '합리적 모델', '제한적 합리성 모델'과 비슷한 듯하면서도 근본적으로 미묘한 차이가 있다. 다시 말해서 합리적인 비교가 아니라 '합리화'하는 방향으로 비교한다는 뜻이다. 한 소녀가 재규어 브랜드 자동차를 보고는 첫눈에 반해버렸다. 이유는 단순했다. 로고가 예뻤기 때문이다. 차를 타본 것도 아니고 로고 속 동물만 보고 반하다니, 어른들 입장에서는 다소 엉뚱하기는 하나 어린아이라면 충분히 그럴 수 있다. 그렇게 재규어는 소녀의 잠재의식 속에서 가장 좋은 차가 되어버렸다.

이 아이는 커서 의사가 되었다. 그리고 원하는 차를 구입할 수 있을 만큼 넉넉한 수입도 생겼다. 어려서부터 재규어를 동경했던 마음이 잠재의식 속에 남아 있기는 했지만 그렇다고 무턱대고 재규어를 살 수는 없었다. 꽤 큰 금액을 지불해야 하는데 비합리적으로 구매하고 싶지는 않았다. 합리적인 의사결정이라면 비슷한 차종을 모두 비교 분석한 후 가장 마음에 드는 차를 선택해야 한다.

그녀는 재규어를 비롯해서 경쟁 브랜드 차들에 대한 정보를 구하고 시승도 해본 후에 결정하기로 마음을 먹었다. 이런 과정을 거쳐 끝내 그녀가 고른 것은 재규어였다. 그녀의 의사결정 과정을 살펴보면 합리적 의사결정 모델과는 다소 다른 패턴을 보였다. 예를 들어 아우디 등 독일 차들은 엔진 소리가 너무 큰 것이 거슬렸고, 렉서스는 평상시 일본에 대해 반감을 갖고 있었기에 뭔가 탐탁지 않았고, 제네시스는 다 좋은데 아직 브랜드 인지도가 없다는 점이 단점으로 보였다. 그렇게 다른 차들을 다 보고 난 후에 '역시 재규어가 가장 좋은 차'라는 판단이 들었던 것이다.

합리적 의사결정 모델은 옵션 정보를 다 규합해서 평가한 후 가장 좋은 것을 선택하는 방법이다. 반면 합리화 모델은 이미 재규어가 마음에 들어서 그것을 사야겠다는 욕구가 잠재의식 속에서 작동하면서 다른 브랜드들을 볼 때는 뭐가 안 좋은지 흠집을 잡기 위해 정보를 구하는 행동으로 나타나는 것이다. 다시 말해서 이미 본인 마음속에 정해져 있는 것을 '합리화'하는 방향으로 의사결정을 하고서는 최종적으로 합리적인 결론을 냈다고 믿는 것이다. 이런 의사결정 과정에는 합리적 존재가 되고 싶은 현대인의 욕구가 반영되어 있다.

합리적 의사결정을 위한 노력

의사결정의 세 가지 모델 중에 '합리적 의사결정 모델'은 현실적인 모델이라기보다는 '이상적(idealistic) 모델'이다. 가능한 모든 정보를 구해서 객관적으로 비교 분석하면 자연스럽게 가장 좋은 선택을 할 수 있다. 그런 의미에서 '이렇게 해야 한다'는 처방을 내리는 '처방적(prescriptive) 모델'이라고 할 수 있다. 그러나 이 모델은 현실적으로 제약이 많아 한계점이 크다.

반면에 '제한적 합리성 모델'과 '합리화 모델'은 어떻게 하라고 처방해주는 모델이 아니라, 사람들이 실제로 어떻게 의사결정을 하는지 보여주는 모델이다. 이러한 모델들은 '의사결정의 과정을 있는 그대로 묘사한다'고 해서 '묘사적(descriptive) 모델'이라고 부른다.

이제 이 세 가지 모델을 이용해서 배심원들의 행동을 설명해보자. 예비투표에서 소년이 유죄라는 의견을 냈던 11명의 배심원들 중에는 소년이 빈민가에서 자란 아이니까 유죄임에 틀림없다고 믿었던 사람들이 몇몇 있었다. 특히 3번 배심원과 10번 배심원이 이런 경향이 강했다. 이들은 재판 과정에서 나왔던 증언 등 여러 가지 정보를 모두 분석한 다음에 유무죄를 판단하지 않았다. 만약에 이렇게 했다면 합리적 의사결정 모델에 가까웠을 것이다. 그러나 이들은 이미 마음속으로 소년은 유죄라고 정해놓았다.

그러한 결정을 합리화하는 정보들만 선별적으로 받아들여서 자신들의 믿음을 정당화했다. 살해된 남자의 가슴에 꽂힌 것과 똑같은 잭나이프 등 반대되는 정보가 나왔을 때는 자신들의 판단이 틀렸을 수도 있다고 생각하는 대신 자기 생각과 맞지 않는 정보 자체를 아예 무시해버리거나 신빙성이 없는 것으로 몰아붙였다. 이러한 행동은 '합리화 모델'에 가장 가깝다.

합리적 의사결정 모델은 현실적으로는 불가능하다. 다만 그에 가깝게 노력할 수는 있다. 바로 8번 배심원이 그랬다. 사람의 목숨과 직결된 중요한 결정이니만큼 가능한 한 여러 가지 정황과 증거들을 편견 없이 살펴본 후에 가장 합리적인 선택을 하려고 노력했다. 그는 마음속에 이미 유죄라고 정해놓은 다른 배심원들과 달리 논리적인 결론이 도출되기 전까지는 유죄인지 무죄인지 결정을 보류하고, 서로 상반되는 정보나 같은 정보라 할지라도 보는 시각에 따라서 다르게 해석할수 있다는 가능성까지 다 도출한 후 이를 종합적으로 분석해서 최종 결론에 도달하려고 했다.

똑똑한 집단이 더 잘못된 결정을 하는 이유

첫 예비투표에서 유죄를 선택한 11명 중 다수는 처음부터 유죄라고 확신했다기보다는 다른 사람들이 유죄라고 결정한 것을 보고 따라서 손을 들었던 사람들이다. 집단 안에서 다수의 의견이 어느 한쪽으로 쏠리면 나머지 사람들은 이를 따라가야 한다는 무언의 압력을 느끼면서 의견이 달라도 드러내지 않은 채 다수의 의견에 동조하는 경향이 있다.

이렇게 집단이 의사결정을 할 때 다수의 의견에 무비판적으로 따라가는 현상을 심리학자 어빙 재니스(Irving L. Janis)는 '집단사고(groupthink)'라고 정의했다. 문제는 집단사고가 발생할 때 다수의 의견에 반대하는 소수의 판단이 더 옳을 때가 많다는 것이다. 그런데 그런 의견조차 개진하지 못하다 보니 그룹이 가진 정보가 불완전하고 왜곡된 경우에 결과적으로 개인이 의사결정을 할 때보다 집단은 더 불합리한 의사결정을 하게 된다.

그룹 내에서 소수는 무조건 다수를 따라가야 할 것 같은 '동질화의 압력(conformity pressure)'은 실제 존재할 수도 있고, 아닐 수도 있다. 영화 속

사람 관계 수업

배심원들에게는 그러한 압력이 실제로 있었다. 8번 배심원이 소수 의견을 냈을 때 10번 배심원은 비아냥대면서 화를 내기도 했고, 두 번째 무기명 투표에서 누군가 생각을 바꾸자 3번 배심원은 "누가 마음을 바꾸었는지 고백하라"고 소리를 지르는 등 노골적인 압력을 행사하기도 했다. 이러한 압력에 맞서는 것이 불편한 사람들은 아예 그런 상황을 피하기 위해 다수의 의견을 따라가버리는 경우가 있다.

그런데 집단사고는 역설적이게도 그룹이 '똑똑한 사람들'로 구성되어 있을 때 더 많이 나타난다. 회사의 임원진 회의, 정부의 각료 회의 등 소위 성공한 엘리트들이 모인 집단에서 종종 일어난다. 미국항공우주국(NASA)에서 실제로 일어났던 사례를 한번 살펴보자.

소수의 의견은 집단사고 속에 묻힌다

1986년 1월 28일, 미국의 우주선 챌린저호가 발사 후 몇 초 만에 공중에서 폭발하는 대참사가 발생했다. 당시 우주선에는 7명의 우주인이 타고 있었다. 그중 한 사람은 크리스타 맥컬리프라는 고등학교 교사였다. 그녀는 미국에서 발사하는 우주선에 탑승한 최초의 민간인이었다. NASA의 야심작이었던 '우주로 간 선생님'이라는 프로그램에서 선발되어 사상 처음으로 우주에서 수업을 진행하기로 해서 전 국민의 관심사가 된 인물이었다. 우주선이 발사되던 날, 미국 전역의 사람들은 텔레비전 앞에 모여서 챌린저호 발사 생중계를 지켜보고 있었다. 그리고 얼마 지나지 않아 자신들의 눈앞에서 벌어진 끔찍한 사고에 놀라움을 금치 못했다.

NASA는 챌린저호의 성공으로 자신들의 기술력이 얼마나 뛰어난지 온 국민에게 보여주고 동시에 의회로부터 충분한 지원과 예산을 얻어 내고자 했다. 그런데 기술적인 문제들로 인해 발사 계획이 몇 차례나 연기되었다. 그래서 이번 발사에 거는 기대가 그만큼 더 커졌다.

그런데 부스터 로켓에 들어가는 주요 부품인 오링(원형고리)이 기온이 영하로 떨어지면 제대로 작동하지 못해 자칫하면 우주선이 폭발될 가능성이 있으므로, 그 문제가 완전히 해결될 때까지 발사해서는 안 된다는 엔지니어들의 의견이 있었다. 오링 제조사인 몰튼타이아콜에서는 NASA와 1년에 대략 400만 달러 정도의 납품 계약을 맺고 있었다. 당연히 챌린저호의 성공은 몰튼타이아콜로서도 중요한 문제였다.

발사에 대한 최종 결정은 NASA의 경영진과 몰튼타이아콜의 경영진이 함께했다. 몰튼타이아콜은 유타주에, NASA는 휴스턴에 떨어져 있어서 두 회사 경영진은 화상회의를 통해 발사에 대한 최종 결정을 내렸다. NASA는 그동안 몇 번의 발사가 지연되면서 정부와 국민들의 실망감이 큰 것에 부담감을 느끼고 있었다. 또한 예산권을 쥔 미국 정부와 국회에 자신들의 능력을 빨리 보여줘야 한다는 압박감도 있었다. NASA와 같은 배에 탄 몰튼타이아콜로서도 챌린저호의 성공적인 발사가 대단히 중요했다. 하지만 이 회사 엔지니어들 중에는 아직 발사하기는 이르다는 의견을 가진 사람들이 있었다.

몰튼타이아콜은 NASA와 최종 결정을 위한 회의를 시작하기 전에 내부적으로 회사의 직원들을 모아서 의견을 규합했다. 문제는 이 회의에 엔지니어들은 아예 배제되었다는 점이다. 대신 경영과 관련된 임직원들만 모아놓고 의견을 물었더니 발사에 찬성하는 방향으로 의견이 모아졌다. 몰튼타이아콜의 로버트 런드 기술 담당 부사장은 다른 엔지니어들과 마찬가지로 처음엔 발사에 반대하는 입장이었다. 그러나 NASA와 함께 최종 결정을 하는 회의에 참석해서는 입장을 바꾸어 찬성으로 돌아섰다. 나중에 조사 과정에서 왜 입장을 바꾸었느냐고 묻자 그는 "엔지니어의 모자를 벗고 경영진의 모자를 썼다"라고 대답했다. 엔지니어의 양심상 기술적 결함을 무시할 수 없었지만, 경영진 입장에서는 챌린저호 발사를 더 이상 지연시킬 수 없었기 때문에 자신의 의견을 스스로 묵살하고 대다수 경영진의 결론에 동조하게 된 것이다.

로버트 런드는 오링의 기술적 결함이 해결되지 않았음을 알고도 왜 발사 결정에 찬성했을까. 당시 NASA의 경영진과 몰튼타이아콜의 경영진이 모인 그룹에서 대다수는 이번 발사가 성공할 것이라며 들떠 있었다. 그런 분위기에 찬물을 끼얹는 행동을 하는 것이 심리적으로 부담이 되고 '과연 내 생각이 맞는 걸까?' 하는 의심이 들었을 수도 있다. 전문가들 다수가 찬성한다면 그럴 만한 충분한 이유가 있을 것이고, 내가 그 이유를 제대로 이해하지 못하고 있을 가능성이 있고, 자칫 반대 의견을 냈다가 다른 사람들 눈에 무능한 사람으로 보일 위험도 있었기 때문이다. 그럴 때는 아예 침묵하다가 다수의 의견에 동조를 하는 것이 안전하게 느껴진다.

또한 사람들은 집단을 이루게 되면 자신들의 능력을 과대평가하는 경향이 있다. 반면 경쟁자나 적에 대해서는 상대적으로 과소평가를 한다. 발사에 대한 최종 결정을 내리기 위한 NASA와 몰튼타이아콜 경영진의 합동 회의에서도 이러한 집단심리가 발동하여 자신들의 기술적 능력을 과대평가하고, 오링의 결함으로 인한 사고의 가능성은 실제보다 낮게 느껴졌을 수도 있다. 그런 사람들이 다수를 이룰 때 혹시 그와 반대되는 생각을 가진 사람이 있더라도 자신의 판단이 과연 맞는 것인지 확신이 들지 않았을 것이다. 더욱이 같은 공간에서 서로 얼굴을 보고 이야기하는 것이 아니라, 화상회의 상황에서라면 발사에 반대하는 민감한 의견을 내는 것이 더 어렵게 느껴졌을 가능성도 있다.

다수의 의견도 최종 결정권자의 의견으로 수렴된다

케네디 대통령은 재임 기간 중에 쿠바를 침공했다가 모욕적인 패배를 당한 적이 있다. 물론 쿠바에 미군을 보낼 것인가, 보낸다면 병력을 얼마나 보낼 것인가는 정부 각료들이 모인 고위급 회의에서 토의하고 결정했다. 그때 분위기는 '쿠바 정도는 아무것도 아니니 소규모 인원만 보내도 쉽게 이길 수 있을 것'이라는 의견이 다수를 이루었다. 당시에도 내심 그 의견에 반대했던 각료가 있었지만 고위급 각료들과 다른 의견을 내세우기에는 자신이 없었다. 그 결과 미국 최고 인재들이 모인 그룹에서 보통 사람들의 토의 결과보다 못한 결정이 나오게 된 것이다.

215

이러한 일은 종종 일어난다. 독일 나치 정권을 잡았던 히틀러와 그의 측근 그룹 안에서, 또 워터게이트 사건으로 탄핵을 받아 대통령에서 물러났던 닉슨과 그의 측근 그룹에서도 비슷한 일들이 일어났다. 그 결과는 모두 비극으로 끝났다. 그룹으로서 자신들의 능력을 과신하고 소수의 능력을 과소평가하며, 자신들의 그룹 안에서도 반대 의견을 허용하지 않는 분위기를 조성하면 제아무리 똑똑한 사람들로 구성된 그룹이라고 하더라도 어리석은 결정을 내리게 된다. 특히 우리나라에서처럼 다수의 의견이나 상사의 생각에 반대되는 의견을 개진하는 것이 어려운 조직문화에서는 집단사고가 빈번하게 발생한다.

삼성그룹이 승산이 없는 것으로 여겨지던 자동차 사업에 뛰어들었다가 낭패를 보고, 금호아시아나그룹이 자신들의 규모에 비해 너무 큰 대우건설을 인수했다가 고역을 치른 것을 보면 왜 그런 무모한 결정을 내렸을까 궁금해진다. 한 걸음만 물러서서 보면 보통 사람들의 눈에도 지혜롭지 못한 결정이라는 것이 쉽게 보이는데 소위 전문가이자 최고의 리더들이 모인 집단이 어떻게 저런 어리석은 결정을 내렸을까 싶다.

추측하자면 임원진이 모여서 집단 의사결정을 할 때 모든 정보와 가능성을 놓고 객관적이고 비판적으로 검토한 후에 결정한 것이 아니라, 최고경영자가 이미 결정해놓은 방향이 '암묵적 선호'로 작용해서 반대되는 정보들은 무시되거나 배제되었던 것이 아닐까. 또 소수의 임원들 중에는 반대 의견을 가진 사람들도 있었겠지만, 전반적으로 최고경영자와 그에게 충성하는 측근들이 자신들의 능력을 과대평가하고 자신들이 원하는 방향으로 의사결정을 하도록 몰아가는 분위기에서 선뜻 반대 의견을 개진하기는 어려웠을 것이다.

악마의 옹호자 정하기

전통적으로 수직적인 조직 구조 안에서는 상사의 의견에 반하는 의견을 자유롭게 개진하지 못하고, 소수 의견을 가진 사람들을 배제시키고, 집단의 일사불란을 강조하는 경우가 많다. 이러한 조직문화는 아직도 우리나라의 회사와 정부 등 주요 조직에 영향을 끼치고 있다. 하지만 이러한 의사결정 모델은 다양성이 존중받는 시대에서는 걸림돌이다.

겉으로는 개방화, 선진화, 글로벌화 같은 슬로건들을 내걸지만 실제로 조직 내에서 이루어지는 행동들은 그와 거리가 멀다. 윗사람의 의견이 다수의 의견이 되고, 다수의 의견에 반대하는 합리적인 소수들의 의견은 묵살당하기 일쑤다. 우리나라는 이러한 쏠림 현상이 유독 강한 나라다. 왜 그쪽으로 가야 하는지 물어보지도 않고 다수의 사람들이 가는 곳으로 우르르 따라간다.

이렇듯 집단사고로 의사결정을 하는 문화가 만연한다면 우리나라 기업은 세계 무대에서의 경쟁에서 도태되고 말 것이다. 사실 그런 징후들은 벌써 여기저기서 보인다. 다만 보고도 못 본 척하는 것뿐이다. 그렇다면 집단사고의 폐해를 줄일 수 있는 방법은 무엇일까?

집단사고의 틀을 깨는 것은 쉽지 않다. 그러나 아주 방법이 없는 것은 아니다. 그룹 안에 '악마의 옹호자(devil's advocate)'를 지정해주면 된다. 케네디 대통령은 쿠바 피그만 침공에 실패함으로써 국제적 망신을 당했다. 그래서 다시는 그러한 실수를 하지 않기 위해 한 가지 묘책을 내놓았다. 케네디 대통령은 그 실패를 복기하면서 각료 회의의 의사결정 과정에 문제가 있음을 발견했다. 바로 집단사고의 오류였다. 그래서 반대 의견을 가진 소수자가 마음껏 의견을 개진할 수 있도록 그룹 안의 보이지 않는 압력을 깨뜨리는 방법을 강구했다. 그 결과 아예 팀원 중 한 사람에게 반대자 역할을 맡겼다.

외부에서 사람을 데려와 각료 회의에 참석시키고 각료들이 내는 의견에 무조건 반대하고 비판하는 역할을 맡긴 것이다. 사람들은 일반적으로 자신이 낸 의견을 누군가가 반대하면, 그의 의견이 맞고 틀리고를 떠나서 감정이 상하고 기분이 나빠지면서 경계하는 경향이 있다. 그래서 무조건 비판하고 반대하는 역할은 악역이라고 할 수 있는데 그런 악역을 맡은 사람을 '악마의 옹호자'라고 부르는 것이다.

〈12인의 성난 사람들〉 속 배심원들 중에서 누군가 일부러 지정해준 것은 아니지만, 8번 배심원이 했던 역할이 바로 이 '악마의 옹호자'였다. 다른 11명이 돌아가면서 자신들의 의견을 제시할 때 그대로 동의하는 것이 아니라, 그들의 주장이 틀릴 수도 있는 가능성을 하나하나 제시하면서 비판했다. 비판을 하되 감정적으로 하는 것이 아니라 논리적·이성적으로 파고들면서 상대방 주장의 허점을 찾아내 지적했다. 비록 그의 지적이 틀리지 않았음에도 불구하고 8번 배심원에게 비판

받은 사람들 중 몇몇은 자신의 의견에 반대하는 그에게 화를 내는 등 감정적인 반응을 보였다. 사람들은 대부분 자신의 의견에 반대하는 사람을 일단 싫어한다.

8번 배심원은 상대방이 감정적인 반응을 보여도 끝까지 침착하게 악마의 옹호자 역할을 해냈다. 덕분에 다른 사람들이 보지 못했던, 생각지 못했던 여러 가지 가능성들이 계속해서 드러났다. 처음에 회의를 시작할 때보다 더 많은 정보가 테이블 위에 올라오면서 사람들은 정보를 종합적으로 보고 판단하게 되었다. 그 결과 소년을 유죄라고 주장했던 자신의 생각에 오류가 있었음을 인정하면서 한 사람씩 유죄에서 무죄로 돌아섰다.

결국은 모든 배심원이 소년이 무죄라는 최종 판결을 내리게 된다. '악마의 옹호자'가 없었더라면 죄 없는 소년이 배심원들이 가진 편견의 희생양이 되어 형장의 이슬로 사라질 뻔한 것이다. 8번 배심원은 자신의 의견에 반대했던 사람들 눈에는 '악마의 옹호자'로 보였겠지만, 그 덕분에 부당한 죽음을 당하지 않고 목숨을 구하게 된 소년에게는 '천사의 옹호자' 역할을 했던 것이다.

우리는 왜 잘못된 선택을 반복하는가

어느 정형외과 의사 이야기다. 그는 서울 시내에서 개업의로 일하면서 꽤 많은 돈을 벌었다. 그런데 어느 날 갑자기 주식 투자에 관심을 갖기 시작했다. 돈을 더 많이, 더 빨리 벌어서 빌딩 하나를 사들여 병원을 확장하고 싶었기 때문이다. 마침 주변에서 누가 주식에 투자했다가 대박이 났다는 소리를 들었다. 주식 투자는 전혀 경험이 없었지만 한번 뛰어들어보기로 했다.

당시는 IT 벤처 투자 붐이 주식시장을 뜨겁게 달구던 때였다. 의사는 벤처회사 중에서 잘 선별해 투자하면 금세 대박을 터뜨릴 것 같았다. 주식 투자에 대한 공부도 시작했고 전문가들의 이야기도 귀담아들었다. 그러던 차에 누가 한 벤처기업을 추천하자 5천만 원을 바로 투자했다. 그러나 기대와 달리 얼마 지나지 않아 투자했던 돈을 거의 다 날리고 말았다. 그러나 그는 포기하지 않았다. 한 번 돈을 잃고 나니 주식에 대해 조금은 알게 된 것 같았다. 다시 한 번 투자하면 돈을 잃지 않을 뿐 아니라 손해 본 5천만 원도 복구할 수 있을 것만 같았다. 그래서 이번에는 더 크게 투자하기로 했다. 1억 원에 가까운 돈을 또 다른

IT 벤처기업에 투자했다.

그러나 불행하게도 그 회사 역시 실적이 나빠지면서 투자한 돈을 거의 다 잃게 되었다. 두 번씩이나 큰돈을 날렸다는 것은 주식 투자가 자신에게 맞지 않는다는 의미였다. 그러나 그는 그렇게 생각하지 않았다. 두 번쯤 해보니 주식시장이 어떻게 돌아가는지 제대로 알게 된 것 같았다. 다음 번 투자는 반드시 성공하리라는 확신까지 생겼다.

손실에 더 집착하는 심리

의사는 그때까지 잃은 1억 5천만 원을 복구하고 병원을 확장하는 데 드는 목돈까지 마련해야 했다. 그동안 식구들과 주변 사람들에게 잃었던 체면도 이참에 회복하고 싶었다. 그래서 대치동 아파트를 담보로 수억 원을 대출받았다. 그리고 그 돈으로 신약을 개발중이라는 바이오 분야 벤처회사에 투자했다. 안타깝게도 결과는 앞선 두 번과 같았다. 이제는 더 이상 쏟아부을 돈도 없었다. 은행 빚을 갚기 위해 아파트까지 처분해야 했다. 돈을 벌어 병원을 키워보고 싶었던 그는 이제 자신의 병원 운영 자금을 걱정해야 할 처지가 되었다. 그 과정에서 스트레스를 너무 많이 받아서 병도 얻었다.

거액의 재산을 날린 정형외과 의사는 여러 번에 걸쳐서 동일한 패턴으로 잘못된 결정을 해서 실패했다. 사실 처음에 돈을 다 날렸을 때 주식 투자로 원하는 목표를 이룰 수는 없음을 깨닫고 포기해야 했다. 그러나 의사는 시장의 반응을 무시하고, 같은 경고를 받았음에도 불구하고 빚까지 내서 더 큰 투자를 해서 재기 불능 상태에 이르고 말았다. 대부분의 의사결정은 이렇게 여러 번의 선택 과정을 거친다. 이때 잘못된 의사결정에서 빠져나오지 않고 오히려 점점 더 몰입하고 그 속으로 빠져들어가는 역설적인 행동을 '상승적 몰입(escalating commitment)'이라고 한다.

이러한 행동 패턴은 주식 투자뿐 아니라 도박을 하는 사람들에게서도 자주 발견된다. 다른 사람들이 볼 때는 잘못된 선택이라는 게 빤히 보이는데, 본인은 마치 무엇에 홀린 사람처럼 그 오류에서 빠져나오지 못하고 오히려 점점 더 잘못된 선택을 한다. 도대체 왜 이러한 행동을 보이는 것일까? 상승적 몰입 현상은 원인이 복합적이라 분석이 쉽지는 않지만 그중 가장 이론적으로 설득력이 있는 몇 가지 원인을 살펴보자.

첫째, 자기정당화(self-justification) 동기다. 자신의 판단이 잘못된 것이라고 생각하지 못하는 것이다. 이 시각에서 보면 맨처음 잃은 돈은 실패가 아니라 주식시장을 배우기 위해서 지불한 수업료 혹은 투자라고 생각한다. 그에 따라 첫 번째 선택을 정당화하기 위해서, 즉 손해 본 돈을 회수하면서 이익까지 얻기 위해 더 많은 돈을 주식에 투자하게 되는 것이다.

둘째, 체면 의식이다. 체면이란 다른 사람들 눈에 비친 나에 대한 평가다. 정도 차이는 있지만 누구에게나 체면 의식이 있다. 자신의 잘못된 결정 때문에 타인들로부터 능력이 부족한 사람이라고 낙인찍히면

체면이 상한다. 손상된 체면을 회복하기 위해서는 자신의 능력을 입증해 보여야 한다. 자기정당화는 내면적인 정당화인 데 반해, 체면 의식은 외면적 정당화의 행동이라고 할 수 있다.

셋째, 일관성의 원칙이다. 현대사회는 일관성을 중시한다. 리더가 정책을 만들고 실행해나갈 때 중간에 어려움이나 장애가 있어도 방향을 바꾸지 않고 계속해서 밀고 나가면 '일관성 있다'는 평가와 함께 리더의 능력을 높이 산다. 그래서 의사결정을 하는 사람일수록 일관성을 유지하고자 하는 마음이 강하고 그때 상승적 몰입의 행동이 나타날 수 있다.

넷째, 실패의 경험이 또 다른 위험한 선택을 조장할 확률을 높인다. 노벨경제학상 수상자인 아모스 트버스키(Amos Tversky)와 대니얼 카너먼(Daniel Kahneman)은 사람들이 위험한 선택을 하는 행동에 관한 연구에서 '이익(긍정적)'의 관점에서는 모험을 피하고, 반대로 '손실(부정적)'의 관점에서는 위험한 선택을 하는 경향이 있음을 발견했다. 이를 '프레이밍 효과(framing effect)'라고 한다. 예를 들어보자. 백만 원의 '이득'을 볼 확률 50퍼센트(A)와 40만 원의 '이득'을 볼 확률 100퍼센트(B) 중에서는 이득은 적지만 확실하게 40만 원을 손에 넣을 수 있는 (B)를 선택한다. 반면 100만 원의 '손실'을 볼 확률 50퍼센트(C)와 40만 원의 '손실'을 볼 확률 100퍼센트(D) 중에서는 확률적으로 더 많은 돈을 잃어버릴 수 있는 (C)를 선택하는 경향이 많다는 것이다. 손실을 경험한 후에 다시 같은 종류의 의사결정을 하게 되면, 이득보다는 손실 가능성의 프레임으로 상황을 보기 때문에 위험한 선택을 할 가능성이 높아질 수 있다. 상승적 몰입은 위험을 선택하는 행동이다.

주식 투자나 도박 등에서 발생하는 상승적 몰입은 개인적인 의사결정상의 오류지만, 기업이나 정부처럼 큰 조직의 의사결정에도 상승적 몰입의 오류가 자주 발생한다는 것은 중대한 문제다. 철강산업의 예를 보자. 1950~60년대에는 미국이 세계 철강업계를 지배했고 당시 미국의 가공 기술은 19세기 말에 개발되어 1950년대까지 사용되었던 평로(open hearth furnace) 방식이었다. 그 후 순산소전로(basic oxygen furnace) 방식이 개발되었다. 당시 미국은 우리나라나 일본 등 다른 나라 철강기업들과 경쟁이 심해지자 기존의 기술에 투자해서 경쟁력을 강화할지, 아니면 과감하게 새로운 기술에 투자해야 할지 고민에 빠졌다. 미국의 결정은 기존 기술에 투자하는 것이었다. 이미 비용이 대규모로 투입된 기존 기술을 포기할 수는 없었다. 그 결과 미국은 세계 철강시장에서 최고 자리를 내주게 되었다.

기존 기술을 고집하는 과정에서만 상승적 몰입의 폐해가 나타나는 것은 아니다. 반대로 새로운 기술을 도입하는 과정에서도 비슷한 폐해가 나타날 수 있다. 1990년대 유럽의 어느 대형 은행에서 예금 업무를 개선하기 위해 새로운 정보기술을 도입하는 프로젝트를 검토하게 되었다. 처음에 5백만 달러 예산으로 시작한 프로젝트였는데 사업 가능성을 검토하는 과정에서 반대 의견도 많이 나왔다. 이 프로젝트를 실행하기로 마음먹은 경영진은 진행 과정에서 모니터링을 강화하기로 했다. 그런데 프로젝트에 들어간 비용은 예산을 여러 번 초과해서 결국 2천 5백만 달러에 이르렀다. 이 돈을 다 쓰고 더 이상 비용을 감당할 수 없게 되자 프로젝트를 폐기하고 말았다. 이 사례는 새로운 사업에 투자할 때 발생하기 쉬운 상승적 몰입의 폐해를 잘 보여준다.

앞으로 더 많은 연구가 필요하겠지만 사람과의 관계에서도 상승적 몰입의 폐해는 나타난다. 가령 해고하거나 다른 곳으로 전출시켜야 하는 사람을 계속 붙잡고 있다가 그로 인해 조직 전체가 피해를 입고 나서야 내보내는 경우가 종종 있다. 동정심 혹은 시간이 지나면 나아지지 않을까 하는 기대심 등 여러 가지 이유가 조직 내에서의 상승적 몰입 현상을 부추긴다.

합리적 선택을 위한 제언

삶은 선택하는 능력에 달려 있다고 해도 과언이 아니다. 가정을 꾸리는 일도, 직장과 커리어도, 나의 건강까지도 결국 모두 자신이 선택한 결과다. 얼핏 숙명처럼 보이는 상황에서도 우리가 어떤 길을 가고 있다면 그것은 우리 자신의 선택이 낳은 결과다. 그런데 그 선택이 쉽지 않다. 선택을 할 때는 그게 최선이라고 생각했지만 나중에 돌이켜보면 잘못된 선택인 경우가 종종 있다.

완벽한 선택이 무엇인지는 정의하기 어렵지만 그래도 선택상의 오류를 줄일 수 있는 방법들은 있다. 여러 가지 선택들에 대한 정보를 최대한 모으고 그 정보들을 객관적으로 판단하려고 노력할 때 우리는 선택의 오류를 줄일 수 있다. 무결점의 합리적인 의사결정은 불가능하나, 합리적으로 의사결정을 하려고 최대한 노력한 후에 선택하는 것은 그렇지 못한 경우보다 더 선택의 질을 높일 수 있다.

집단주의 문화와 계급적 질서를 중시하는 조직문화에서는 특히 다수의 의견에 쏠림으로써 집단사고가 자주 발생한다. 이를 방지하기 위해서는 '악마의 옹호자'를 외부에서 데려오거나 그룹 구성원들 중 한두 사람에게 그러한 역할을 맡김으로써 잘못된 판단을 하는 위험을 많이 줄여나갈 수 있을 것이다. 특히 이러한 방법은 중요한 정책을 입안하는 고위 임원진이 그룹으로 의사결정을 할 때 회사의 돈과 시간을 절약해주는 의미 있는 방법이 될 수 있다.

우리는 다수의 의견이 틀리는 때가 생각보다 많다는 점을 잊지 말아야 한다. 많은 사람이 한쪽 방향으로 쏠릴 때 그 방향으로 마냥 따라가지 않고, 그 방향이 혹시 틀린 것은 아닌지 비판적으로 검토해야한다. 필요하다면 8번 배심원처럼 외롭지만 용기 있게 일어나서 건전한 비판의 목소리를 제시함으로써 모든 사람이 올바르게 판단할 수 있도록 돕는 역할도 필요하다. 회사가 건전하게 발전하기 위해서는 이러한 능력을 갖춘 직원들이 많아지고 또 자유롭게 다른 의견을 표현할 수 있는 분위기가 만들어져야 한다. 이것이 경영자의 역할이다. 또자신이 8번 배심원과 같은 존재가 될 수 있을지를 이번 기회에 생각해보는 것도 좋겠다.

마지막으로 투자나 인간관계에서 상승적 몰입의 오류를 범하고 있다는 판단이 들 때는 지금까지의 손실을 감수하고, 앞으로 더 나아질지 모른다는 막연한 희망도 포기하고 거기서 멈춰야 한다. 물론 이미 입은 큰 손해를 감내하는 게 쉽지는 않을 것이다. 하지만 오직 그렇게 하는 것만이 앞으로 발생할지도 모를 더 큰 손실과 불행을 막을 수 있는 유일한 선택일 수 있음을 잊어서는 안 된다.

6장

어떻게 여러 사람을 설득할 수 있을까

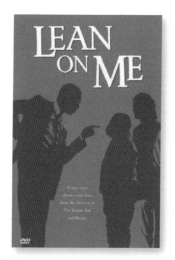

영화 〈고독한 스승〉 속 클라크 교장은
어떤 리더십으로 쇠락한 학교를 다시 일으켰을까?
그는 자기희생을 바탕으로 한 변혁적 리더십으로
모든 의욕을 상실한 교사와 구제불능의 학생들을 변화시켰다.

4년 동안 세상과 담 쌓고 집필한 원고가 불타버렸다.

영국의 비평가 칼라일의 대표 저서는 〈프랑스 혁명〉이다.

〈프랑스 혁명〉을 4년 만에 탈고한 칼라일

가장 신뢰하는 친구에게 원고 검토를 부탁한다.

그러나 친구의 실수로 원고는 불타버린다.

방황하던 어느 날 공사장의 인부들을 보게 된다.

끄으응......

좌절한 칼라일

만화로 보는 〈사람 관계 수업〉
4년 동안 집필한 원고가 불타버렸다

차곡차곡 쌓아올리던
벽돌 중 하나에서
문제를 발견한 인부들

벽돌담 전체를 다 부셔버린다.

"완벽하게 하려면
처음부터 다시!!"

처음부터 다시 한 장씩
벽돌을 쌓기 시작하는 인부들

. . .   . . .

큰 깨달음을 얻은 칼라일

다시 첫 장부터 원고를 시작!
초고보다 훨씬 훌륭한
〈프랑스 혁명〉을 완성하게 된다.

위기 상황을 극복하기 위해서
스스로를 이끌 진정한 리더십이 필요하다.
그것은 조직을 이끄는
리더십보다 더 중요하다.

희망조차 없는 상황은 어떻게 바꿀 것인가

미국 뉴저지주에 있는 이스트사이드고등학교는 한때 우수한 학교로 이름을 날렸다. 그러나 그 명성은 과거의 영광일 뿐 이제는 쇠락을 거듭해, 학생들 대부분이 주정부에서 실시하는 기초학력고사도 통과하지 못할 정도로 희망이 없는 학교가 되어버렸다. 그러나 이것이 문제의 전부가 아니었다. 학교는 여학생들에 대한 빈번한 성희롱과 폭력, 심지어 마약 거래 같은 범죄의 온상이 되고 말았다. 문제를 일으키는 불량학생들은 소수였지만 이들이 학교의 분위기를 망쳐놓았기 때문에 다수의 선량한 학생들은 공부를 하고 싶어도 제대로 할 수 없었다. 한마디로 이스트사이드고등학교는 더 이상 학교라고 부를 수 없는 곳이 되어버렸다.

학교의 현실도 답답했지만 더 막막한 것은 문제가 해결될 기미가 전혀 보이지 않았다는 점이다. 교사들은 불량학생들을 바로잡으려고 하기는커녕 이미 통제력을 잃고 학생들의 비행을 속수무책으로 그저 바라볼 뿐이었다. 이 상태로 내버려둔다면 머지않은 장래에 학교 문을 닫을 수밖에 없었다. 누가 이 학교를 위기에서 구해낼 것인가? 내부적으로는 더 이상 이 문제를 해결할 방법이 없으니 이제 마지막 가능성은 외부에서 새로운 리더를 데리고 와서 그에게 기대를 걸어보는 것뿐이었다. 이러한 상황에서 새로 부임하게 된 교장의 이름이 조 클라크였다. 그리고 이 학교의 실화를 바탕으로 탄생한 영화가 바로 〈고독한 스승Lean on Me〉이다.

리더의 전형

조 클라크 교장에게 이스트사이드고등학교는 처음이 아니었다. 그는 학교가 이렇게 망가지기 전에 교사로 재직한 적이 있었다. 그는 능력과 열정을 갖춘 교사였지만, 소신이 아주 강했고 자신이 옳다고 생각하는 일에는 타협할 줄 모르는 외골수 성격이었다. 그 성격 때문에 그를 싫어하는 사람들도 많았다. 그러한 이유로 학교를 떠났던 그가 이제는 교장이 되어 돌아와 수렁에 빠진 학교를 구하는 역할을 맡게 된 것이다.

몇 년 만에 다시 돌아와 중책을 맡게 된 조 클라크의 감회도 남달랐다. 그러나 오랜만에 돌아온 학교는 이전과는 충격적일 정도로 달라져 있었다. 모든 게 변해 있었다. 교실 벽은 지저분한 낙서로 더럽혀져 있었고 기물들은 여기저기 부서진 상태로 방치되어 있었다. 학생들을 통제한다는 목적으로 세워놓은 철창 구조물로 인해 학교 건물은 마치 동물을 가두어놓는 동물원 우리 같은 느낌이 들었다. 이런 열악한 환경 속에서 학생들이 제대로 공부한다는 것은 불가능한 일이었다. 클라크는 수백 명의 불량학생과 자포자기 상태에 빠진 교사들을 변화시켜 학교를 위기에서 구해내야 했다.

선생님들과의 첫 대면에서부터 클라크 교장은 충격요법을 사용했다. 자신의 경호원 격인 새로운 훈육주임을 대동하고 첫 모임에 나타난 클라크 교장은 마치 전쟁터의 야전사령관 같은 모습으로 으름장을 놓았다. "앞으로는 내가 이 학교의 법이니 나의 명령에 절대 복종할 것을 요구한다. 나의 말을 따르지 않을 사람은 학교를 떠나라." 그러고 난 후 교사들에게 가장 먼저 해야 할 일을 지시했다. 학교 분위기를 망치는 주범인 불량학생들을 하나도 빠짐없이 찾아내 명단을 작성하고, 그 학생들을 자신과 전교생이 처음 만나는 조회 시간에 강당의 연단 위에 모두 모아놓으라는 것이었다.

클라크 교장은 또 그 자리에서 축구팀 수석코치인 흑인 선생을 강등시켰다. 축구팀의 부진한 성적을 더 이상 못 봐주겠다는 이유였다. 그리고 다른 백인 선생에게 수석코치를 맡기면서 자신의 조치가 마음에 들지 않으면 학교를 떠나도 좋다고 얘기했다. 흑인인 클라크가 몇 명 되지도 않는 흑인 교사를 감싸는 것이 아니라 오히려 보직 해임을 시키자 흑인 학생들과 학부모들은 큰 충격을 받았다. 클라크는 자신이 이 학교의 새로운 '흑인 두목'이라는 말을 남기고 회의 장소를 떠났다. 교사들은 첫 대면부터 폭군처럼 행동하는 클라크의 모습에 충격을 받고 할 말을 잃었다.

리더십도 선택이다

클라크 교장과 학생들의 첫 만남은 강당에서 이루어졌다. 강당 안은 전혀 행동이 통제되지 않는 학생들로 인해 한마디로 아수라장이었다. 자리에 앉아서 담배를 피워 문 학생들이 있는가 하면 자기들끼리 종이비행기를 만들어 던지고 시끄럽게 떠들어대는 학생들도 있었다. 당연히 교사들의 외침은 들리지도 않았다. 클라크 교장의 지시대로 불량학생으로 분류된 학생들은 연단 위에 올라와 있었다. 그들은 왜 자신들이 무대 위로 올라와 있는지 전혀 모른 채 그 위에서 마이크를 붙잡고 장난을 치는 등 제멋대로 떠들며 소란을 피워댔다.

클라크 교장이 연단에 올라서서 마이크를 잡고 학생들을 조용히 시켰다. 담배를 피우던 학생들에게는 담뱃불을 끄고 꽁초를 자기 주머니에 집어넣으라고 지시했다. 학생들은 갑자기 나타난 새 교장의 지시를 마지못해 따랐다. 떠들던 학생들도 조용해졌다. 강당 안이 정리되자 클라크 교장은, 무대 위에 올라온 학생들은 공부도 안 하면서 학교 분위기만 망치는 일등 공신들이라면서 이제 자신이 교장으로 부임한 이상 이런 학생들은 더 이상 학교에 발을 붙이지 못할 것이라고 말했다. 그러고는 그 자리에서 바로 이 학생들을 모두 퇴학시켰다. 훈육주임을 비롯해서 경호 담당 직원들이 연단 위로 올라와 학생들을 몰아내기 시작했다. 갑작스러운 일에 당황하고 놀란 불량학생들은 클라크 교장에게 욕설과 위협적인 언사를 퍼부으면서 발버둥 쳤지만 경호 담당 직원들의 힘을 이기지 못하고 모두 강당 밖으로 쫓겨났다.

이 광경을 지켜본 학생들은 쥐죽은 듯 조용해졌다. 클라크 교장은 학생들을 향해 "남은 학생들도 잘못을 저질렀다간 퇴학당한 학생들처럼 쫓겨날 수 있다"라고 경고한 뒤 강당을 떠났다. 클라크 교장과 학생들과의 첫 만남은 이렇게 끝났다. 클라크 교장이야말로 전형적인 독재자의 모습과 다를 바가 없었다. 과연 클라크 교장의 독재적 리더십이 쇠락해가는 이스트사이드고등학교를 다시 부활시킬 수 있을까?

이제 우리는 수천 명이 모인 조직을 어떻게 다룰 것인가 하는 문제에 직면했다. 앞서 우리는 개인을 어떻게 다룰 것인가 하는 문제에서 시작해, 규모가 조금 커진 소그룹 혹은 팀을 어떻게 다룰 것인가에 대해 살펴봤다. 지금부터는 클라크 교장이 3천 명의 학생들과 3백 명의 선생들을 어떻게 변화시키는지 보면서 리더가 갖추어야 할 진정한 능력이 무엇인지 함께 고민해볼 차례다.

여러 사람을 설득해야 하는 상황에서는 명배우가 되라

리더십은 사회과학 분야에서 가장 오래된 관심사이자 연구 대상이다. 경영학에서 리더십 연구를 시작하기 훨씬 전부터 있었던 철학, 신학, 정치학 등의 학문은 결국 리더십에 대한 공부였다고 해도 과언이 아니다. 기독교의 경전인 《성경》은 유대인을 이끌었던 삼손, 모세, 다윗왕 그리고 인류의 구원자로서 예수에 대한 이야기가 주를 이룬다. 《성경》 속 인물들은 기독교에서 보는 리더의 전형이다.

고대 철학자 플라톤은 철인통치론을 통해 철학자 혹은 지식인이 리더가 되어야 한다는 주장을 펼쳤고, 동양철학에서 이야기하는 군자의 개념도 리더의 이상적인 모습을 그려낸 것이다. 이렇게 다양한 학문들이 공통적으로 관심을 갖고 끊임없이 던져온 질문은 '어떤 리더가 좋은 리더인가' 그리고 '무엇이 성공적인 리더를 만드는가'다. 이제 이 질문에 대한 답과도 같은 리더십의 주요 이론들을 하나씩 살펴보자.

품성 이론: 리더는 타고난다

품성(traits)은 사람들이 '타고나는 것'을 의미한다. 리더는 만들어질 수 없고, 애당초 리더가 될 수 있는 자질을 갖고 태어나야 한다는 것이다. 다시 말해 리더가 될 사람들은 따로 있다는 것이다.

이 이론의 바탕에는 서양의 문화적 뿌리라고 할 수 있는 기독교적 세계관이 깔려 있다. 아주 오래전 우리나라에서도 큰 반향을 일으켰던 〈십계〉라는 영화가 있다. 이 영화는 《성경》 중 구약에 나오는 이야기를 바탕으로 모세를 주인공으로 삼았다. 이에 따르면 모세는 신의 선택을 받아 유대인들의 리더가 되었고, 그는 리더로서 이집트에서 노예생활을 하던 유대인들을 이끌고 약속의 땅 가나안으로 가야 했다. 그런데 모세는 유대인들과 같이 지냈던 사람이 아니었다. 그런 그를 유대인들이 자신들의 리더로 받아들인 이유가 있었다. 다름 아닌 모세가 가진 특별한 능력 때문이었다. 이를테면 기적을 일으키는 능력이었는데 보통 사람들은 가질 수 없었고, 훈련을 통해서 습득될 수 있는 그런 종류의 능력도 아니었다.

사람이 타고나는 것 중에 리더로서 성공하게 만드는 요인이 있을까? 특정한 신체 조건 혹은 성격 중에서 리더십과 관련되는 것들을 찾아내기 위한 연구는 수없이 진행되어왔다. 그러나 아직까지 특정한 품성이나 신체 조건을 갖춘 사람이 성공적인 리더가 될 수 있다는 결론에는 도달하지 못했다. 그렇다면 리더십은 후천적으로 습득될 수 있는 것일까?

행위 이론: 리더는 만들어진다

품성 이론으로는 리더십을 명확히 설명할 수 없자 학자들은 새로운 이론을 찾기 시작했다. 리더십의 새로운 유형에 관한 연구는 미국 오하이오주립대학교와 미시간주립대학교의 학자들을 중심으로 이루어졌다. 이들의 연구 대상은 군대의 장교들이었다. 군대는 리더의 역할을 강조하는 조직이다. 그리고 군대는 리더를 만들어내는 곳이기도 하다. 즉, 리더는 훈련을 통해 만들어질 수 있다는 믿음이 있는 곳이다.

학자들은 이 연구에서 두 가지 행동 패턴을 구분해냈다. 그중 '업무 중심적 행동'은 목표를 세워서 그 목표를 제대로 달성하도록 지도하고, 제대로 일을 하고 있는지 감시하고, 때에 따라서는 실패하는 사람들에게 벌을 주거나 야단도 치는 행동들을 말한다. 부하직원들에게 일을 지시하고, 그 일을 제대로 해내도록 독려하고 점검하는 행동들이다. 반면 '사람 중심적 행동'은 부하직원들을 인간적으로 배려하고 격려하는 행동을 일컫는다. 이러한 행동들은 리더와 부하직원 사이에 인간관계가 돈독해지도록 만든다.

이 두 가지 리더십의 행동들을 9점 척도로 측정했을 때 가장 성공적인 리더는 양쪽 행동지표 모두에서 만점을 받은 9.9 리더다. 그래서 이 이론은 '9.9 이론'이라고 불리기도 한다. 반대로 1.1 리더는 업무 중심적 행동과 사람 중심적 행동 모두에서 가장 약한 리더다. 9.1 리더와 1.9 리더 유형은 두 가지 행동 중 하나는 강하지만 다른 하나는 약한 리더다. 9.9 리더가 훌륭한 리더가 될 수 있다는 주장은 상식적으로 맞는 말이지만 연구결과에 따르면 늘 그런 것은 아니었다. 상황에 따라서 어떤 때는 9.1 리더나 1.9 리더가 더 효과적이라는 연구 결과가 나오면서 다시 한 번 새로운 이론의 필요성이 제기되었다.

지금까지는 리더십을 품성 이론의 관점으로 볼 것이냐, 행위 이론의 관점으로 볼 것이냐가 중요했다. 그러나 환경이 더 변화무쌍해지면서 리더십이란 더 복잡한 요소에 기반한 것임을 알게 되었다. 리더 안에 있는 요소뿐 아니라, 리더가 처한 환경도 중요한 역할을 한다는 것을 깨닫게 된 것이다. 이 과정에서 상황 이론이 등장하게 되었다.

상황 이론: 리더는 시대가 만든다

'시대가 인물을 만든다'라는 말이 있다. 어떤 이가 남다른 능력을 갖고 있다고 해도 그 능력을 발휘해서 큰 인물이 되는 것은 그의 노력에만 달린 게 아니라, 그가 처한 시대와 상황이 결정한다는 의미다. 같은 논리로 이야기한다면 리더는 상황이 만든다고 할 수 있다. 즉, 리더가 타고난 품성이나 후천적으로 습득한 행동양식들이 시대나 상황이 요구하는 것과 제대로 맞아떨어질 때 비로소 리더로 성공할 수 있다는 것이다.

이는 만약 상황이 바뀐다면, 같은 품성이나 행동양식을 가진 리더라 해도 제 역할을 하지 못하게 된다는 뜻이기도 하다. 예를 들어 인도 건국의 아버지로 추앙받는 간디가 위대한 리더가 될 수 있었던 것은 인도의 시대적 상황이 결정적인 역할을 했기 때문이라는 것이다. 다시 말해서 간디가 오늘날의 인도에서 태어났다면 지금까지처럼 존경받는 리더로 인정받지는 못했을 수도 있다는 말이다.

기업에서도 이런 사례는 찾을 수 있다. 그중 가장 흥미로운 예는 애플의 창시자 스티브 잡스(Steve Jobs)다. 그는 남다른 창의력으로 친구였던 스티브 워즈니악(Steve Wozniak)과 함께 자신의 차고에서 애플 컴퓨터를 발명했다. 당시에는 IBM이 개인용 컴퓨터(PC)를 개발해서 업계 최강자로 군림하고 있었다. 그러나 PC를 제대로 사용하려면 컴퓨터 언어를 비롯한 전문 지식이 필요했기 때문에 일반인들이 사용하기는 쉽지 않았다. 잡스와 워즈니악은 '사용자 편의'라는 새로운 개념을 앞세워 어린아이도 사용할 수 있는 개인용 컴퓨터를 만든다는 취지로 애플을 선보였다.

이 혁신적인 컴퓨터가 등장하자 시장은 폭발적인 반응을 보였다. 당시 아무도 넘보지 못했던 거대 기업 IBM의 아성을 무명의 젊은 청년 둘이서 흔들어놓은 것이다. 회사가 승승장구함에 따라 잡스는 20세기 미국 비지니스 세계에서 새로운 록스타 같은 존재로 떠올랐다. 드라마에나 나올 법한 그의 성공 스토리를 싣기 위해 미디어들은 서로 경쟁을 했다. 26세의 대학 중퇴자인 잡스는 〈타임〉지 표지 인물로 선정될 정도로, 단순히 성공한 사업가를 넘어서서 젊은이들이 선망하는 미국의 아이콘으로 떠올랐다.

그러나 어느 기업도 성장을 계속할 수는 없다. 애플도 급성장을 거듭한 후에는 정체기를 맞았다. 애플만큼 세련되지는 못했지만 경쟁사들도 소비자 친화적인 제품들을 만들어내기 시작했고, IBM이 다른 회사들도 같은 종류의 PC를 만들 수 있도록 호환(done)을 허락하면서 컴

팩을 비롯한 여러 회사들이 생산에 뛰어들자 강력한 가격 경쟁력을 갖춘 PC들도 등장했다.

애플은 자신들만의 창의적 아이디어로 신제품을 꾸준히 출시하면서 시장을 지키고 있었다. 하지만 어느 정도 단계에 이르자 더 이상 의미 있는 신제품 개발이 어려워졌다. 애플이 더 이상 신제품을 내놓지 못하자 그동안 고공행진을 해왔던 주가도 정체기를 지나 떨어지기 시작했다. 주가가 떨어지자 위기를 느낀 애플 이사진들은 회의를 열고, 역설적이게도 당시까지 성공을 이끌었던 잡스가 위기의 원인이라고 진단하기에 이르렀다. 더 이상 신제품이 나오기 어려운 환경에서 계속 신제품 개발만 고집하는 잡스의 경영전략이 문제의 핵심이라는 것이었다. 이사회는 급기야 잡스를 해고하고 그 자리에 존 스컬리(John Scully)를 앉혔다.

여기서 더 흥미로운 것은 스컬리의 이력이다. 그는 애플에 영입되기 전에 펩시콜라 최고경영진에 있던 사람이었다. 과연 음료 분야 출신이 애플처럼 하이테크의 최선봉에 있는 기업을 다시 살려낼 수 있을까? 결론부터 이야기하면 잡스를 버리고 스컬리를 택한 것은 애플로서는 성공적이었다. 이사회가 기대했던 대로 애플의 주가가 다시 오르기 시작했기 때문이다.

이러한 현상은 리더십의 상황 이론으로 설명이 가능하다. 스티브 잡스가 리더로서 큰 성공을 거둔 이유는 창의력을 앞세우는 그의 리더십 스타일과 신제품 개발이 계속 필요했던 회사의 환경이 잘 맞아떨어졌기 때문이다. 더 이상 창의력이 필요하지 않은 비즈니스 환경에 이르게 되면서 잡스의 리더십은 오히려 회사의 발전을 저해하는 요인이 된 것이다. 다시 말해서 창의력을 앞세우는 리더십이 늘 좋은 것은 아니라는 이야기다. 기업의 성장 단계를 볼 때 초반에 시장을 개척하고 소비자들을 확보해야 하는 상황에서는 새로운 제품과 서비스를 내놔야 하기 때문에 창의력을 극대화할 수 있는 리더십이 결정적인 역할을 한다. 하지만 회사가 일정 규모 이상으로 커지고 시장 상황이 바뀌면 조직을 잘 통솔하고 관리하는 능력이 더 중요해진다. 즉, 창의성보다는 효율성이 중요해지는 것이다.

스컬리를 영입할 당시 애플은 펩시콜라와 닮은 점이 상당히 많이 있었다. 미국의 콜라시장은 코카콜라와 펩시콜라가 양분했다. 코카콜라가 1위, 펩시는 2위였다. 펩시가 코카콜라의 아성을 무너뜨리기 위해서는 신제품을 개발해서 코카콜라의 시장을 빼앗아오는 수밖에 없었다. 그러나 특정 제품의 맛에 길들여진 고객들의 입맛을 바꾸기는 어려웠다. 펩시콜라는 새로운 시장을 확대하는 것보다는 기존의 시장을 잘 지키면서 경영 효율을 강화해 비용을 최소화하고 수익을 극대화하는 것이 급선무라고 판단했다. 존 스컬리는 그러한 리더십을 갖춘 경영자였다. 이러한 펩시의 경영 상황은 충성스러운 고객층을 확보해서 부동의 2위 자리를 지키고 있던 애플의 상황과 상당히 흡사했다. 그러므로 당시 애플로서는 잡스는 걸림돌이었고, 스컬리가 적임자였다.

요즘처럼 경영 환경이 빠른 속도로 변하고 복잡해지는 때에는 상황

이론이 더욱 큰 의미를 갖게 된다. 이 시대 리더들에게 가장 필요한 것은 특정의 품성이나 스타일이 아니라, 상황에 따라 자신의 리더십 스타일을 바꿀 수 있는 '유연성'이다. 즉, 다양한 리더십 스타일을 갖추고 상황에 따른 스타일을 구사할 수 있어야 한다. 다시 말해서 훌륭한 리더는 명배우와 같아야 한다. 명배우는 자신에게 맡겨진 역할이 악역이든 선한 역할이든 충실히 소화한다. 마찬가지로 리더도 어떤 때는 독재자처럼 행동해야 하고, 또 상황이 달라지면 민주적인 리더십 스타일을 가져야 한다. 그런데 사람들은 웬만해서는 자신의 리더십 스타일을 바꾸려 하지 않는다.

리더의 네 가지 유형 알아두기

리더가 자신의 스타일을 변화시킬 때 가장 중요한 환경적 요인 중 하나는 부하직원들이다. 부하직원의 성향과 특징에 따라서 다른 리더십이 요구되기 때문이다. 이와 관련해서 리더는 부하직원들의 변화에 맞춰서 리더십 스타일도 바꾸어야 한다는 이론이 주목받고 있다. 이 이론은 리더가 적어도 다음 네 가지 행동 패턴을 상황에 맞게 구사해야 한다고 본다. 네 가지 패턴은 '지시형(telling)', '설득형(selling)', '동참형(participating)', 그리고 '권한위임형(delegating)'이다. 이 패턴들을 보면 리더는 독재적인 스타일에서 민주적인 스타일, 방임적인 스타일까지 상당히 넓은 범위의 리더십 스타일을 부하직원들의 성장 과정에 따라 구사할 수 있어야 한다.

리더의 네 가지 행동 패턴

'지시형'은 부하직원들이 여러모로 미숙할 때는 리더가 구체적으로 업무 내용과 방식을 지시하고 명령하는 것이 효과적이라는 주장이다. 이 단계에서는 다소 독재적인 리더십을 발휘해야 한다는 의미다. 그러다가 부하직원들의 경험이 쌓이고 지식이 늘면 '설득형' 리더십을 선택해야 한다. 이 시기부터는 무조건 업무를 지시할 것이 아니라 '왜 이 일을 해야 하는지' 설명해주고 부하직원 스스로 업무에 대한 이해도를 높이고 동기부여할 수 있도록 설득해야 효율성을 높일 수 있다.

부하직원이 자신의 분야에서만큼은 리더로 활약할 수 있는 수준까지 오른 후에는 그를 의사결정에도 참여시켜야 한다. 이제 리더는 독단적인 의사결정 방식에서도 탈피해야 한다. 이 과정을 거쳐 부하직원이 자신의 상관보다 더 전문적인 지식을 갖추고 높은 역량을 갖추게 되면, 리더는 그에게 권한을 위임하고 최대한 스스로 판단할 수 있도록 기회를 줘야 한다. 이처럼 성공적인 리더란 다양한 리더십 스타일을 부하직원의 성숙도에 따라 적절하게 구사할 수 있는 사람이다.

클라크 교장의 리더십 스타일은 지시형이자 극단적 형태의 성과지향형이다. 이러한 독재자 스타일은 평상시에는 반감을 살 수 있지만 학교의 혼돈스러운 상태를 감안한다면 효과적이라고 할 수 있다. 실제로 클라크 교장의 리더십 덕분에 학교에는 빠른 속도로 질서가 바로잡히기 시작했다. 그러나 학교가 안정을 되찾고 학생과 교사가 성숙해지면 독재자 스타일보다 높은 단계의 리더십이 필요하다. 그러므로 클라크 교장이 기존의 독재자 스타일을 고수한다면 초반의 성공은 무위로 돌아갈 가능성이 있다.

변혁적 리더십 대 거래적 리더십

흔하지는 않지만 리더 중에는 위기에 처한 조직을 절망의 구렁텅이에서 구해내 눈부신 성공을 이룬 이들도 있다. 부도난 기업을 일으킨 경영자, 난장판이 된 고등학교의 질서를 바로잡은 교장, 주권을 빼앗긴 나라의 독립을 이루어낸 지도자 등이 그들이다. 망해가던 크라이슬러가 흑자 기업으로 대변신을 하게 된 데는 포드에서 크라이슬러의 구원투수로 온 리 아이아코카(Lido Anthony Iacocca) 회장이 있었다. 이스트사이드고등학교의 극적인 변신 뒤에는 클라크 교장이 있었다. 평범한 국민들을 이끌고 무저항 비폭력으로 막강한 무력을 자랑하던 대영제국으로부터 독립을 일구어낸 인도에는 간디라는 특출한 리더가 있었다. 이렇게 근본적 변화를 가져오는 리더십을 '변혁적(transofmational) 리더십'이라고 부른다.

이와 구분되는 일반적인 리더십은 '거래적(transformational) 리더십'이라고 부른다. 거래적 리더십은 리더와 부하직원, 추종자들 사이에 거래관계가 성립된다는 이론이다. 회사에서 리더가 부하직원으로 하여금 자신을 따라오게 만드는 동기가 바로 '거래'라는 뜻이다. 부하직원이 자신의 시간과 노력을 리더를 위해서 바치도록 하려면 반대급부로 리더가 무엇인가 줄 수 있어야 한다는 것이다. 반대급부로는 월급이나 승진 같은 보상 외에도 인정과 칭찬 같은 심리적인 만족감을 줄 수 있는 리더의 행동들도 포함된다. 만약에 리더가 부하에게 이런 보상을 해줄 수 없다면 부하직원은 리더를 따를 이유가 없고 리더는 리더십을 발휘

사람 관계 수업

할 수 없게 된다. 따라서 리더십은 부하직원의 노력과 상사의 보상 능력이 서로 거래될 수 있을 때 성립되는 것이다.

이런 관계에서 리더가 부하직원의 노력을 최대한 끌어내기 위해서는 그들이 원하는 것이 무엇인지 파악해야 한다. 부하직원은 성별, 나이, 성격 등에 따라 그들이 회사에서 얻고자 하는 것이 다를 수 있다. 그렇기 때문에 리더는 각각의 부하직원들이 무엇을 원하는지 파악해서 적절하게 제공해야만 그들의 협력을 이끌어낼 수 있다. 이렇게 해서 성공적인 거래적 리더십은 부하직원으로부터 기대한 만큼의 성과를 얻어낼 수 있게 된다.

그러나 거래적 리더십으로 위기 상황을 타개하기는 어렵다. 일반적인 경영 환경에서 거래적 리더십을 성공적으로 수행하기도 쉽지 않지만, 위기 상황을 벗어나려면 평상시 노력만으로는 안 된다. 조직이 쇠락의 길을 걷게 되면 관성의 힘에 의해 추락에 가속도가 붙기 때문에 이 관성과 반대 방향으로 가고자 할 때는 엄청난 에너지가 필요하다. 이런 에너지는 어디에서 얻을 수 있을까?

가장 위대한 리더십은?

사람의 이기심은 타고나는 성품이다. 이기적이라는 것은 자신에게 손해가 되는 일은 하지 않는다는 것이다. 어떤 노력을 기울일 때는 노력에 대한 대가가 있다고 믿기 때문이다. 그런데 가끔은 대가를 바라지 않고 시간과 노력을 기울일 때가 있다. 회사가 법정관리에 들어갔을 때 모든 직원이 이기심을 충족시키기 위해서 일한다면 그 회사는 망할 수밖에 없다. 이때는 회사를 살리는 것이 모든 일의 전제조건이 될 것이다. 회사가 망한다면 자신 역시 큰 손해를 입게 되기 때문이다.

개인이 자신의 이익을 희생하면서까지 노력하고 마음을 모을 수 있는 조직이나 집단은 위기 상황에 처하면 평상시에는 상상도 할 수 없는 힘을 발휘한다. 간디의 예를 보자. 당시 인도 사람들은 영국으로부터 부당한 차별과 핍박을 당하면서 영국에 복수심을 가질 수밖에 없었다. 복수는 강력한 이기적 욕구다. 하지만 간디는 인도 국민들로 하여금 그러한 이기적 욕구를 넘어서도록 만들었다. 보다 큰 목적을 위해서였다. 간디는 영국이 옳지 않다는 것을 세상에 알리기 위해서는 그들보다 도덕적으로 더 우위에 서야 한다고 인도인들에게 호소했다. 그러고는 자신이 솔선수범했다. 영국산 옷을 입지 않기 위해서 스스로 옷감을 만들어 옷을 해 입고 가난한 인도 국민들과 같은 삶을 살았다. 감옥에서도 단식으로써 저항을 했다. 이러한 간디의 자기희생적인 태도에 감명받은 인도인들은 간디의 뜻을 따랐다.

인도 국민들의 무저항 비폭력 운동은 점점 힘을 얻어갔고, 그들을 무력으로 핍박하는 영국에 대한 국제적인 여론은 점점 더 나빠졌다. 영국 총독은 간디를 감옥에 집어넣었다. 그러면 이에 분개한 인도 국민들이 무저항 비폭력을 포기하고 폭력을 행사하게 될 것이고, 영국 정부는 그들을 총칼로 제압할 명분을 얻을 수 있다고 생각했던 것이다. 그러나 영국 총독의 예상은 빗나갔다. 인도인들은 흰옷을 입고 질

사람 관계 수업

서정연하게 침묵의 행진을 하면서 영국에 저항했다. 경찰은 인도 사람들을 곤봉으로 무자비하게 때려 제압했지만, 행진하던 인도 국민들은 쓰러진 이들을 부축해 일으키며 두려움 없이 경찰 앞을 걸어갔다. 감옥에 있는 간디가 군대와 경찰을 움직일 수 있는 총독보다 더 강한 힘을 가진 리더라는 것을 전세계가 확인하는 순간이었다.

간디는 국민들이 자신의 이기적인 마음을 버리고 보다 더 큰 가치에 헌신하도록 만든 '변혁적 리더'의 전형이라 할 수 있다. 그의 철학은 인도를 넘어서서 전세계적인 호응을 얻었다. 미국의 마틴 루터 킹 목사도 그의 가르침을 따라 흑인 운동을 펼쳤다. 간디가 이처럼 위대한 리더가 될 수 있었던 것은 우선 이기심을 배제한 삶을 살았기 때문이다. 인도 국민들이 힌두교도와 이슬람교도로 갈려 충돌이 생겼을 때도 간디는 목숨을 건 단식에 들어갔다. 무엇보다 극복하기 힘든 것이 종교적인 차이인데, 간디가 거의 죽어가면서도 단식을 중단하지 않자 그의 자기희생적인 행동에 감동한 두 집단은 갈등을 봉합하고 화합에 이르렀다.

자기희생이 있어야 큰 성공을 이끌 수 있다

거래적 리더는 기대하는 만큼의 성과는 가져올 수 있다. 부하직원은 리더가 자신이 원하는 것을 제공해줄 수 있으면, 보상을 받기 위해 노력하기 때문이다. 하지만 자신이 받을 수 있는 보상만큼만 노력을 기울인다. 이에 반해 변혁적 리더는 부하직원들이나 자신을 따르는 사람들이 '기대 이상의 성과'를 가져오게 만든다. 자신의 이기적인 목표를 달성하기 위해 일하던 사람들이 이기심을 넘어서는 목표를 갖고 서로 힘을 합치면 놀라운 성과를 만들어낼 수 있기 때문이다. 하지만 진정한 의미의 변혁적 리더를 찾기란 쉽지 않다. 왜냐하면 이런 리더는 자기희생적이어야 하기 때문이다.

이제 클라크 교장 이야기로 돌아가자. 당시 학교 상황은 식민지였던 인도나 망해가던 크라이슬러와 다르지 않았다. 다만 클라크 교장처럼 독재적인 리더십 스타일을 갖춘 사람도 변혁적 리더라고 할 수 있을까 하는 점은 생각해볼 필요가 있다. 리더십에서 중요한 것은 민주적이냐 독재적이냐 하는 스타일이 아니다. 리더가 자신의 이익을 위해서 리더십 스타일을 고수하는지, 자신보다 조직이나 집단을 우선시하는 마음을 갖고 있는지의 차이가 더 중요하다. 스타일은 수단에 불과하고 결국은 그 리더십의 목적이 무엇인가가 중요한 것이다. 클라크 교장이 부임하면서 독재적인 스타일을 앞세운 것은 본인의 성격 탓이기도 하겠지만, 민주적인 리더십으로는 도저히 학교의 상황을 개선할 수 없다고 판단했기 때문이다. 관건은 그의 독재적인 스타일이 자신만의 이익을 위한 것인가, 아니면 학교를 위한 것인가 하는 점이다.

교사들 중에는 클라크 교장의 독재적 리더십에 반항하는 사람들이 있었다. 음악을 가르치는 어느 여교사는 클라크 교장의 지시를 일부러 어기며 대들기도 했다. 결국 클라크 교장은 음악 교사를 파면시킴으로써 다른 교사들에게도 엄중히 경고했다. 이러한 비민주적 행동에 동조할 사람은 없다. 하지만 클라크 교장의 강력한 리더십 덕분에 학교가 빠른 속도로 질서를 되찾고, 열심히 공부하려는 학생들에게 우호적인 분위기가 만들어졌다. 그러자 그의 리더십 스타일에 불만이 있던 교사들도 클라크 교장의 방침에 따라 열심히 학생들을 지도하게 되었다.

만일 클라크 교장이 자신의 이익을 위해서 독재적인 행동을 했다면 교사와 학생 어느 쪽으로부터도 호응을 얻지 못했을 것이다. 교사와 학생들은 그의 리더십에 불만은 있었지만, 그것이 학교를 되살리려는 목적을 위한 것이었고 다수의 선량한 학생들을 불량학생들로부터 보호하기 위한 것이었기에 협력했던 것이다.

부임하자마자 3백 명의 불량학생들을 퇴학시켰지만, 그들 중 일부는 다시 학교로 몰래 들어와서 다른 학생들에게 마약을 팔거나 칼부

림을 벌이기도 했다. 클라크 교장은 그런 학생들이 학교 건물에 들어올 수 없도록 수업 시간에는 아예 학교 건물의 모든 문들을 안쪽에서 잠그라고 지시했다. 이 조치는 학생들을 보호하기 위한 것이지만 소방법 위반이었고, 이것이 적발이 되면 클라크 교장은 감옥에 갈 수도 있었다. 이런 위험을 감수하면서 학생들을 위해 할 수 있는 한 최선을 다하는 클라크 교장의 모습을 보고 학생들은 그의 진심을 읽었을 것이다. 또 그의 리더십은 다른 교사들의 헌신을 불러일으켰다. 이런 의미에서 클라크 교장은 변혁적 리더라고 할 수 있다.

"학교 안에서 이루어지는 모든 일은 내게서 시작되며 내게서 마무리된다." 클라크 교장은 자신의 뜻을 불도저처럼 밀어붙였다. 메가폰과 야구 방망이를 들고 다니면서 무너진 학교의 질서를 다시 세운 그는 미국 사회로부터 큰 반향을 일으키며 〈타임〉 표지에 실리기도 했다.

클라크 교장은 자신의 지시를 따르지 않는 구성원들에게는 더없이 엄격했지만, 동시에 어려운 처지에 있는 학생들은 가족처럼 보살폈다. 한 학생이 불량배들에게 맞고 있다는 소리를 듣고 바로 달려가서는 주저하지 않고 맨손으로 맞서 단번에 불량배를 제압했다. 그 광경을 숨죽이고 지켜보던 학생들과 교사들은 일제히 박수를 치면서 환호했다. 자신의 목숨보다 학생의 안전을 중시하는 그를 학생들은 아버지처럼 믿고 따르기 시작했다.

클라크 교장의 강력한 리더십에 힘입어 학교는 눈에 띄게 좋아지면서 그를 동조하는 사람들도 많아졌지만 동시에 적들도 많이 생겨났다.

특히 자신의 아들이 퇴학당하면서 강한 불만을 갖고 있던 한 학부모는 클라크 교장을 끌어내리려는 계획을 세우고 시장에게 접근했다. 점점 인기가 떨어져가던 시장에게 다음 번 선거에 표를 몰아줄 테니 자신을 학교 이사회 멤버로 임명시켜주고, 클라크 교장은 소방법 위반으로 체포해달라고 요구했다. 재선이 급해진 시장은 정치적 타협을 하고, 그녀의 요구를 들어줬다. 클라크 교장은 소방법 위반 혐의로 체포되어 구금되었고, 이사회 임원이 된 그녀는 소방법을 위반하면서까지 아이들의 안전을 위험하게 만든 클라크 교장을 당장 파면해야 한다며 다른 이사회 임원들을 설득했다.

그러나 학생들은 클라크 교장이 체포된 것에 즉각 반발했다. 주정부에서 실시하는 기초실력 평가를 마친 학생들은 모두 교장이 구금된 시청 앞으로 몰려와서 교장을 풀어달라면서 데모를 했다. 학생들의 대규모 반발에 놀란 시장은 클라크 교장을 찾아와 도움을 구한다. 잠시 풀려 나와 학생들 앞에 선 클라크 교장은 집으로 돌아가라고 설득하지만 학생들은 그의 이야기를 듣지 않는다. 그러는 사이 주정부에서 실시한 학생들의 기초실력 평가 성적이 도착한다. 놀랍게도 합격률이 70퍼센트를 넘기면서 클라크 교장이 옳았음이 증명되고, 그는 그대로 풀려난다. 몇 년 뒤 심장 이상으로 교장직을 그만둘 때까지 클라크는 학교를 계속 이끌어나갔다.

진정한 리더십에 대한 로망

리더가 정말 필요한 존재일까? 리더가 없으면 어떻게 될까? 사람들 생각처럼 리더가 없으면 사회와 조직이 무법천지가 될까? 이는 리더의 존재를 당연한 것으로 받아들이는 오늘날의 사회에 던져볼 만한 질문이다. 우리 주변에는 긍정적 영향을 미치는 리더도 있지만, 자신이 가진 권력과 지위를 이용해 사리사욕을 챙기면서 조직과 사회에 해악을 끼치는 리더들도 많기 때문이다.

진정한 리더는 자신에게 부여된 권력을 자신을 위해서 쓰지 않는 절제력을 갖추어야 한다. 사람들은 리더가 하는 말이 아니라 리더가 하는 행동을 보고 그를 평가한다. 말로는 회사, 나라, 국민을 위해 일한다고 하면서 실제로는 자신의 명예, 권력, 부를 우선시하는 이들은 절대 부하직원과 국민들에게 리더로 존중받을 수 없다.

특히 리더에 대한 불신이 팽배한 요즘 같은 시대에 말이 아닌 행동으로 자기희생을 감수하는 리더가 나타난다면 그가 미치는 영향은 상상 이상일 것이며, 그와 함께하는 이들은 스스로도 예상치 못한 엄청난 일을 이룰 수 있을 것이다.

물론 진정한 의미의 자기희생적 태도를 갖춘 리더는 이론적으로는 가능하나 실제로는 찾아보기 어렵다. 오히려 오늘날은 자신이나 자신이 속해 있는 소집단의 이익을 위해 조직이나 나라에 해를 끼치는 것도 서슴지 않는 리더들이 활개를 치고 있다. 역사적으로 인도의 간디, 남아프리카공화국의 만델라, 혹은 우리나라의 이순신 장군 등과 같은 인물들이 많은 사람들의 존경을 받는 이유는 그런 리더들이 지극히 드물기 때문이기도 하다. 본질적으로 이윤 추구를 목적으로 하는 기업에서 자신의 이익을 희생해서 위기에 처한 기업을 살려낸 경우도 드물긴 하지만 아주 없지는 않다. 그 중 한 예가 미국 자동차 산업의 역사에 한 획을 그은 리 아이아코카(Lee Iacocca)다.

이탈리아계 혈통인 그는 프린스턴대학에서 석사 학위를 받은 후 1946년 포드에 엔지니어로 입사한다. 자신의 전공인 공학보다 마케팅에서 더 큰 역량을 발휘하면서 스포츠카로 유명한 '머스탱(Mustang)'의 엄청난 성공을 이끌어낸다. 그 공로로 그와 머스탱의 사진이 〈타임〉과 〈뉴스위크〉 표지에 실리기도 했다. 그는 포드의 사장으로 재직하는 동안 2년 연속 18억 달러의 영업이익을 내는 신기록도 세웠다. 1979년 그는 도산의 위기에 처한 크라이슬러사의 대표이사로 영입된다.

당시 크라이슬러는 회사 내부적인 문제뿐 아니라 외부적으로도 큰 도전에 직면해 있었다. 제2차 석유파동으로 휘발유 값이 두 배로 뛰어버렸고, 은행 대출 이자율도 가파르게 상승을 하고 있었다. 파산 직전의 크라이슬러를 살리기 위해서는 직원, 하청업자, 딜러 등 크라이슬러 관련 모든 이익 집단들의 희생을 이끌어낼 수 있는 리더십이 필요했다. 아이아코카는 '1년에 연봉 1달러'만 받는 자기희생으로 노조, 하청업체, 딜러 등 관련 집단들의 희생과 협력을 끌어냈다. 공장 폐쇄, 생산직 봉급 삭감, 사무직 임시해고 등 위기 관리를 통해 회사는 다시 살아났다. 정부의 구제금융도 기한보다 7년 먼저 다 갚아버리고, 50만 여 개의 일자리도 만들며 회사를 살려낸다.

1992년 크라이슬러에서 물러난 아이아코카는 2019년 7월, 94세의 나이로 세상을 떠났다. 지금은 피아트-크라이슬러(Fiat-Chrysler)가 된 회사는 다음과 같은 애도사를 발표했다. "그는 크라이슬러를 위기에서 구해내고 경쟁력 있는 회사로 만드는 역사적인 역할을 담당했다."

사람을 움직이고 변화시키기 위해 필요한 것은 특정한 리더십 기술이 아니라, 자신과 함께하는 이들을 위해 리더가 보이는 자기희생적인 태도다. 아마도 이것이 사람을 다루는 일에서 가장 어려운 일일 것이다. 사람들은 진정으로 자기희생적인 리더가 나타나길 기다리고 있다.

사람 관계 수업

7장

다른 문화와 화합하는 방법은 따로 있다

영화 〈겅호〉 속 노동자들은 어떻게 '이문화 갈등'을 극복했을까?
미국의 한 공장이 일본의 자동차회사에 인수된다.
하지만 문화의 차이로 갈등을 겪으며 위기에 직면한다.
이 영화는 문화의 차이라는 양날의 칼을 어떻게 활용해야 하는지 잘 보여준다.
이제는 '이문화 경영 능력'이 그 어느 때보다 중요한 시대다.

넬슨 만델라는
왜
흑인 조종사의
비행기를 탔을 때
긴장했을까?

"아니, 흑인 기장?
흑인이 비행기를
조종할 수 있을까?"

흑인 차별에 항거해
30년 감옥살이

남아프리카공화국
최초의 흑인 대통령

PRESIDENT
NELSON MANDELA

그런 그도 조종사가
흑인이라는 사실에
비행기의 안전을
잠시 걱정하며 불안해했다.

훗날 그는 자서전에
이 사실을 고백했다.

나는 흑인 차별 반대 운동을 해오면서도
스스로 차별의식이 있었음을
고백합니다.

솔직한 고백 후에
그는 더욱 존경받고
흑인 인권 운동의
선구자로
세계사에 기록되었다.

선입견

우리는 어쩌면 평생
선입견에서 벗어나지 못하고
살 수도 있다.

인생에서 성공하려면
선입견을 떨쳐내기 위해
부단히 노력해야 한다.

성격 차이보다 문화 차이가
더 극복하기 힘들다

지금부터는 시선을 글로벌 환경으로 옮겨보자. 21세기에 우리나라는 급속한 글로벌화로 인해 단문화 사회에서 다문화 사회로 변모하고 있다. 통계청 자료에 의하면 우리나라에 거주하는 외국인 숫자가 전체 인구의 3.6퍼센트에 육박하는 186만여 명(2017년 11월 기준)을 넘었고, 신혼부부 열 쌍 중 한 쌍이 국제결혼일 정도며, 국내 기업들도 외국인 채용 규모를 늘리고 있다. 단일민족이라는 자부심을 갖고 살아온 우리의 전통적 패러다임에 변화의 물결이 일기 시작한 것이다.

외국인들과 같이 일을 하면 한편으로는 새롭고 즐거운 경험이 될 수도 있지만, 다른 한편으로는 새로운 종류의 갈등과 문제에 봉착하게 된다. 개인별 차이에 문화적 차이까지 더해져서 다문화 환경에서는 사람을 다루는 문제에 복잡성이 늘어나기 때문이다. 서로 도움이 필요해서 협력을 다짐하고 일을 시작했다가도 문화적 차이를 효과적으로 관리하지 못해, 오히려 같은 문화권 사람들끼리 일할 때보다 못한 결과를 가져오는 경우도 있다. 이제 아래 이야기를 통해 다문화 환경에서는 어떠한 문제가 발생할 수 있는지 살펴보도록 하자.

영화 〈경호〉를 통해 본 이문화 갈등

미국의 해들리빌이라는 도시에 있던 자동차공장이 문을 닫게 되었다. 그곳에서 일하던 많은 노동자가 실직자가 된 것은 물론이고 공장 노동자를 상대로 장사하던 가게들도 하나둘씩 문을 닫으면서 도시 전체가 경제적으로 큰 타격을 입게 되었다. 해들리빌시는 공장을 다시 살려내기 위해서 미국 내의 다른 자동차회사들과 접촉해봤지만 어디에서도 관심을 보이지 않았다. 이제 남은 선택은 외국 자동차회사가 인수해주는 것뿐이었다. 여러 나라들 중에 일본으로 눈을 돌려, 그곳의 자동차회사들 중 하나인 아싼모터스의 문을 두드렸다. 공장 직원 중에 성격도 쾌활하고 언변도 좋은 헌터 스티븐슨을 해들리빌시의 대표로 일본으로 보냈다.

스티븐슨은 주민들의 생계가 자신에게 달려 있다는 생각에 어깨가 무거웠다. 그에게 일본은 생소한 나라였다. 2차 세계대전 때 미국이 일본과 전쟁을 했고, 아버지가 참전군인으로 일본과 싸웠다는 정도 말고는 일본에 대해 특별히 아는 것이 없었다. 그는 아싼모터스 중역들에게 보여줄 동네와 공장 관련 사진으로 만든 슬라이드와 프로젝터, 스크린까지 챙기는 등 만반의 준비를 하고 일본으로 떠났다.

아싼모터스 회의실에 들어서니 기다란 테이블에 사장을 중심으로 여러 중역들이 둘러앉아서 그를 기다리고 있었다. 웃는 사람은 아무도 없었고 중역들의 표정이 하나같이 자못 심각해 보였다. 스티븐슨은 일본 중역들의 호감을 사기 위해 일본말로 인사도 건네고 분위기를 부드럽게 만들어보려고 "일본을 무척 좋아합니다", "회의실 실내장식이 상당히 동양적이네요" 같은 말로 자신의 프레젠테이션을 시작했다. 그러나 미국에서와는 달리 아싼모터스의 중역들은 스티븐슨의 말에 아무 반응을 보이지 않았다.

스티븐슨은 간간이 농담을 섞어 프레젠테이션을 이어나갔다. 친근함을 표시하기 위해 옆에 앉은 어느 중역의 어깨를 툭 치는 제스처도 해 보였다. 그러나 중역들은 그의 말에도, 제스처에도 아무런 반응도 없이 무표정하게 앉아 있기만 했다. 예상치 못했던 중역들의 태도에 스티븐슨은 다소 당황했다. 그들이 자신의 말을 알아듣고는 있는지 아예 관심이 없는 건지 전혀 가늠할 수가 없었다. 스티븐슨은 "여러분이 저희 마을에 와서 공장을 다시 열어주면 모든 사람이 정말 최선을 다해서 일할 것입니다"라는 말로 프레젠테이션을 마쳤다. 하지만 아무도 반응을 보이지 않았다.

스티븐슨은 자신의 프레젠테이션이 실패했다고 생각했다. 물론 그곳이 미국의 회사였다면 그의 추측이 맞았을 것이다. 그러나 그곳은 일본이었다. 아싼모터스의 중역들은 스티븐슨의 프레젠테이션에서 좋은 인상을 받았다. 일반적으로 유머도 없고 형식적인 일본식 프레젠테이션에 비해 틀에 박히지 않고 자유스러웠던 스티븐슨의 스타일은 신선하고 흥미로웠다. 하지만 감정을 밖으로 드러내지 않은 일본 사람들의 특성 때문에 별다른 반응이 없어 보였던 것뿐이다.

이처럼 서로 문화가 다르고 언어가 잘 통하지 않아도 진심은 통하게 마련이다. 무엇보다 '와주기만 하면 정말 열심히 일하겠다'라고 말하는 스티븐슨의 열정적인 표현에서 진심을 느꼈다. 아싼모터스는 미국 공장 인수를 긍정적으로 검토하게 되었다.

미국 공장을 점검하고 운영할 경영진들이 자신의 가족들과 함께 해들리빌에 도착하던 날, 시장을 비롯한 주민들이 공항으로 영접을 나왔다. 어린 여자아이들 몇몇은 기모노를 입고 있었고, 환영객 모두가 일본 국기를 흔들면서 열렬히 환영했다. 그러나 일본에 대한 이해가 충분치 않은 상태에서 환영 행사를 준비하다 보니 태권도 시범이나 중국의 용춤처럼 일본과는 관련이 없는 행사도 벌어지는 해프닝이 있었다.

우여곡절 끝에 일본 경영진들은 최종적으로 공장을 인수해 재가동하기로 결정을 내렸다. 이전에 일하던 종업원들을 재고용하기로 했고, 미국 종업원들과 일본 경영진을 이어줄 가교 역할을 할 사람으로 스티븐슨을 선발했다.

이문화 경영의 중요성

드디어 공장이 다시 열리던 첫날, 공장 사람들은 모두 한마음으로 공장을 되살려보겠다는 '뜨거운 의욕(Gung Ho)'으로 가득 차 보였다. 한동안 백수로 지내야 했던 미국 종업원들은 다시 일할 수 있게 되었다는 기쁨에 들떠 첫 출근계를 찍었다. 그러고는 아침 조회를 위하여 공장 마당으로 모두 모였다. 카즈히로 법인장과 스티븐슨, 일본 경영진 한 사람이 단상 위에 자리했고, 다른 일본 경영진들은 마당에 모인 미국 종업원들 사이에 여기저기 섞여 있었다. 미국 종업원들은 곁에 있는 일본 경영진에게 악수를 청하면서 환영한다는 말을 건넸다.

단상에 있던 카즈히로 법인장은 "이제 모든 직원들은 한마음으로 회사만 생각하자"라고 짧게 인사한 뒤 아침 체조를 시작하겠다고 말했다. 이어서 단상 위의 또 다른 일본 경영자가 곧바로 구호를 부르면서 체조 시범을 보이기 시작했다. 예상치 못한 조회 방식에 미국 종업원들은 킥킥 웃을 뿐 아무도 따라하지 않았다. 카즈히로 법인장이 따라하라고 명령하고, 스티븐슨이 미국 종업원들을 구슬려봤지만 소용없었다.

작업장에서도 일본인 직원과 현지 종업원들이 부딪히기 시작했다. 차량 도장 파트의 직원은 이전에는 1시간에 75대의 도색 작업을 마쳐야 한다는 목표만 채우면 작업 방식에 대해서는 간섭받지 않았다. 음악을 들으면서, 담배를 피우면서 일을 하기도 했다. 그러나 일본 경영진은 그런 행동들을 허락하지 않았다. 일본 공장에서와 마찬가지로 불량률에서도 무결점주의를 요구했고, 불량을 발생시킨 직원들은 근무 시간 외에 남아서라도 다 고치고 퇴근하라는 지시가 떨어졌다.

경영진은 자신들이 고용주고, 그 공장은 이전에 미국식으로 운영하다가 문을 닫았으니 이제는 당연히 자신들의 경영 방식을 따라야 한다고 주장했다. 그러나 미국 종업원들은 오히려 일본식으로 하면 작업 능률도 떨어지고 불편하다고 호소했다. 상호간에 존중하는 마음은 전혀 없고 자신들의 방법만 옳다고 고집했다. 그사이에 인간적인 관계에서도 문제가 발생해 두 나라 사람들끼리의 갈등은 더 깊어졌다.

사람 관계 수업

일본 경영진은 스티븐슨이 미국 종업원들을 설득시켜서 자신들의 방식을 따라오게 하는 역할을 해주길 기대했다. 미국 종업원들은 또 그들대로 스티븐슨을 찾아와서 불평을 늘어놓으며 이전에 자신들이 하던 식으로 일할 수 있도록 일본 경영진을 설득하라는 압력을 넣었다. 이러한 문제점들은 그대로 공장의 생산력 저하로 이어졌고 일본 본사의 실망감은 커져갔다. 카즈히로 법인장은 미국 직원들로부터는 원망을 듣고, 일본 본사 회장으로부터는 무능한 경영자라고 야단맞는 처지가 되고 말았다.

시작은 의욕적이었다. 그러나 그런 들뜬 분위기는 오래가지 못했다. 시간이 지나면서 협력 대신 갈등이, 의욕 대신 불만과 실망이 터져 나오면서 생산 목표도 제대로 채우지 못하게 되었다. 왜 이런 결과가 나타났을까? 기술력이나 자금력 때문이 아니었다. 보다 근본적으로 미국과 일본 두 나라의 이질적 문화가 충돌했기 때문이다. 즉, 경영진의 '이문화 경영(cross-cultural management)' 능력이 부족했던 탓이다.

다국적 기업에서 사람을 효과적으로 다루기 위해서는 먼저 이문화에 대한 이해가 전제되어야 한다. 우리나라 기업들도 요즘은 이문화에 대한 관심이 많아졌다. 그런데 다른 문화를 이해한다는 것은 쉬운 일이 아니다. 문화란 광범위하면서 복잡한 현상이기 때문이다. 언어, 가치관, 삶의 형태, 세계관 그리고 일하는 형태 등을 종합해서 문화라고 일컫는다. 문화는 그 나라 사람들의 행동과 사고방식의 패턴을 만들어줌으로써 내부 결속을 다지며 질서를 유지하도록 해주고, 동시에 다른 나라와 구별시켜 그 나라만의 독특한 정체성을 갖도록 만든다.

경영학에서 문화의 중요성을 인식하기 시작한 것은 최근의 일이다. 일반적으로 경영이라고 하면 기술력, 자본력, 브랜드 파워, 영업력 등을 먼저 생각한다. 이런 전통적 능력들을 갖추고 있다면 외국에 가서도 쉽게 성공하리라 생각한다. 그러나 이제는 이문화 경영 능력이 어느 때보다 중요시된다. 해외에 진출한 국내 최고 기업, 우리나라에 진출한 외국의 유수한 기업들이 시장과 직원들의 특성을 이해하지 못해 실패한 경우가 많기 때문이다.

독특한 문화와 법 제도 및 정부의 규제 등으로 외국 기업들이 활동하기 어려운 나라로 알려져 있는 중국 못지않게 우리나라도 종종 유명한 다국적 기업들의 무덤이 되곤 한다. 세계적 유통업체인 월마트와 까르푸가 우리나라 시장에서 실패를 거듭한 후 2006년에 철수를 한 사례를 비롯해서, 2012년에는 미국의 모토롤라, 대만의 HTC, 캐나다의 리서치 인 모션(Research In Motion) 등 유수의 핸드폰 업체들과 인터넷 검색 업체 야후(Yahoo)도 한국을 떠났다. 〈월 스트리트 저널〉은 이들의 주요 실패 원인 중에 하나로 외국 기업들이 '유달리 까다로운 한국 소비자들(cranky consumers)'을 제대로 이해하지 못했음을 꼽았다.

최근에는 북유럽을 대표하는 가구업체 이케아(Ikea)가 국내에 진출하는 과정에서 토종 경쟁 업체들의 거센 저항에 직면하기도 했다. 미국 등에 비해 비싼 가격을 책정한 것에 대해 국내 소비자들도 강하게 불만을 터뜨리며 항의했다. 문제는 여기서 끝나지 않았다. 포퓰리즘 성향이 강한 지방 정부도 이에 편승하여 이케아의 경영 활동을 조사하는 등 호된 신고식을 치렀다.

공유 경제를 선도하는 아이콘이자 미국을 대표하는 유니콘 기업인 우버(Uber)도 마찬가지다. 설립 10년 만에 전 세계 65개국 600개가 넘는 도시로 사업 영역을 확장시키는 기염을 토하며 2013년 우리나라에도 진출했다. 하지만 예상대로 국내 택시업계의 저항에 부딪혔는데 다른 나라에서 경험했던 것보다 거세고 조직적이었다. 친노조 성향의 서울시는 노조의 손을 들어주며 우버의 활동을 불법화시켰고, 결국 2년을 못 버티고 2015년 사업을 접었다. 최근 국내 재진출 시동을 걸고 한국 택시와 협업에 나섰다. 이들 해외 기업이 한국 시장에 진출해서 고전하는 가장 큰 이유 중 하나는 독특한 문화를 이해하지 못하고 미국식 경영을 고수했기 때문이다.

우리나라 기업이 외국에 진출하는 경우도 마찬가지다. 이문화 경영에 대한 개념 없이 의욕만 앞세운 채 '무작정 상경'하듯 진출해, 우리나라에서 하던 대로 경영을 하다가 비싼 대가를 치르는 기업이 많다. 이문화 경영 능력의 결핍은 급속한 속도로 글로벌화되고 있는 오늘날 비즈니스 환경에서 치명적인 결점이 될 수 있다. 우리나라는 대학에도 외국 대학과는 달리 이문화 경영 과정이 거의 개설되어 있지 않다. 외국어 실력을 글로벌 역량이라고 생각하기 때문이다. 외국인들과의 교류가 점점 더 늘고 있는 오늘의 기업 환경을 고려할 때 이문화 경영 교육을 더 이상 미루어서는 안 된다.

문화의 다양성을 관리하는 능력은 따로 있다

사람은 저마다 다른 성격을 지녔으며, 이로 인한 다양성은 갈등과 문제를 야기하는 요인인 동시에 놀라운 시너지를 발휘하게 하는 힘이 되기도 한다. 이는 오늘날 비즈니스 환경의 특징이기도 하다. 개인의 다양성에 다른 문화권의 조직과 나라가 지닌 고유한 특성까지 더해지면 경영은 더 복잡한 양상을 띠게 된다. 점점 더 다문화 환경으로 인한 복잡성이 높아지고 있기 때문에 자기 분야의 전문성을 가진 리더일지라도 이문화 경영에 관한 이해가 없이는 내부 갈등을 줄이고 원하는 목표를 달성하기 어려울 것이다.

영화 〈경호Gung Ho〉는 이문화 경영의 어려움을 상당히 현실적으로 보여준다. 현실에서도 마찬가지다. 그렇다고 국내에서만 경영 활동을 할 수는 없다. 글로벌화의 파고가 높은 오늘날의 경영 환경에서 국내에만 머물러서는 절대 지속가능한 발전을 이룰 수 없기 때문이다. 우리가 외국에 진출을 꺼리는 동안 외국계 회사들이 전투적으로 우리 시장을 잠식할 것이다.

국내 화장품 시장의 경우, 연평균 8%의 고성장을 이어가며 화장품 제조업체들뿐 아니라 제품을 판매하는 뷰티숍들의 경쟁도 가열되고 있다. 이 시장을 선점하기 위해 CJ의 올리브영, 아모레퍼시픽의 아리따움, LG생활건강의 네이처컬렉션 등 대기업들도 뛰어들어 한판 승부를 겨루고 있지만, 아직 이들 브랜드의 해외 시장 진출은 미미한 상태이다. 이런 상황에서 전 세계 33개국에 걸쳐 2300여 개의 매장을 갖고 있는 프랑스 루이비통모에헤네시(LVMH) 계열의 원조 뷰티숍 '세포라(Sephora)'가 국내 진출을 앞두고 있다.

그동안 국내 시장에서 성공을 거듭했다고 해도 국내 시장만 고집한다면 공격적으로 국내로 진입하는 해외 기업에 의해 시장을 잠식당할 수밖에 없다. 중요한 것은 이제 우리나라 기업들이 주먹구구식 세계화가 아니라 실제 목표한 성과를 낼 수 있는 '프로페셔널한 세계화'를 추구해야 한다는 것이다. 그러기 위해서 가장 중요한 것이 문화 다양성에 대한 깊이 있는 이해다. 다양한 문화적 배경을 가진 인적자원을 효과적으로 관리할 수 있는 능력을 적극적으로 키우는 일에 관심을 가져야 한다.

문화 다양성을 관리하는 것은 어렵다. 캐나다나 미국처럼 다인종 다문화로 이루어진 나라와 달리 전체 인구의 절대다수가 한민족으로 구성된 우리나라는 다양성보다는 단일성을 자랑하는 문화적 가치관을 고수하고 있다. 그러나 우리가 원하든 원하지 않든 인력의 글로벌화는 이미 세계적인 흐름이 되었고, 이 흐름이 우리에게 이득이 되도록 하는 것이 우리 세대에게 맡겨진 의무이기도 하다. 이런 의미에서 이문화 경영의 중요성은 아무리 강조해도 지나침이 없을 듯하다.

문화 다양성을 관리하는 단계별 능력

문화 다양성을 효과적으로 관리하는 능력은 크게 세 단계로 이루어진다. 첫째, 문화 차이에 대한 깊은 이해다. 예를 들어 우리나라 문화가 미국 문화나 중국 문화와 어떻게 다른지, 왜 다른지에 대한 이해가 있어야 한다. 차이점에 대한 이해가 이루어지면 다른 문화를 존중할 줄 아는 태도가 생긴다. 이렇게 다른 문화를 이해하고 존중할 줄 아는 능력과 태도를 '문화적 감수성(cultural sensitivity)'이라고 한다.

둘째, 다른 문화 환경에 적응할 줄 아는 능력이다. 해외 파견자, 유학생처럼 외국에 나가서 장기간 생활하는 것은 단기간 여행을 다녀오는 것과는 근본적으로 다른 경험이다. 매일 반복되는 의식주 생활은 물론 현지 사람들과 사고방식, 가치관까지 맞추면서 같이 어울리고 협력을 끌어낼 수 있는 능력을 '이문화 적응력(cultural adapatability)'이라고 한다. 우리가 잘 알고 있는 '로마에서는 로마 사람처럼'이라는 격언이 바로 이 능력을 잘 표현하고 있다.

마지막으로, 서로 다른 문화를 창의적으로 융합할 줄 아는 능력이다. 예를 들어 우리나라의 장점과 캐나다의 장점이 서로 다른데 이 장점들을 제대로 관리하지 못하면 융합 대신 충돌과 갈등이 일어난다. 각각의 장점들을 창의적으로 합칠 때 지금 우리가 하고 있는 것, 갖고 있는 것보다 더 진보된 것을 만들어낼 수 있다. 이를 '이문화 시너

지(cultural synergy)'라고 한다. 이는 이문화 경영의 최고 단계이자 궁극적인

목표기도 하다.

차이를 시너지의 원천으로 활용하는 법

'물속에 사는 물고기 눈에는 물이 안 보인다.' 노자의 말이다. 물고기는 물이 없으면 살지 못하는 존재지만, 늘 그 속에서 살고 있으니 당연한 대상이 되어 오히려 그 존재를 인식하지 못한다는 의미다. 사람들도 마찬가지다. 건강할 때는 건강이 눈에 보이지 않고, 가족들과 늘 어울려 살 때는 가족의 소중함을 느끼지 못한다. 몸이 아파야 비로소 건강이 '보이기' 시작하고, 집을 떠나야 가족이 '보인다'. 문화와 사람의 관계도 물과 물고기의 관계와 비슷하다. 너무 가깝고 당연한 대상이라 우리들 눈에 잘 보이지 않는다.

여기서 문화를 관리(manage)하는 어려움이 생긴다. 관리를 하기 위해서는 먼저 문화를 볼 수 있는 눈이 있어야 하기 때문이다. 물고기가 물밖에 나와야 물의 존재를 깨닫듯이 사람도 다른 문화를 경험해봐야 비로소 문화가 눈에 보이기 시작한다. 그러나 세상의 모든 차이를 어떻게 보는가, 그리고 그 차이점들을 어떠한 태도로 대하는가는 사람마다 다르다. 관점과 태도에 따라 문화 차이는 갈등이 되기도 하고 시너지가 되기도 한다. 갈등을 넘어서 시너지로 이르는 길을 살펴보도록 하자.

사람 관계 수업

문화적 감수성

사람들 중에는 상대방의 감정에 민감한 사람이 있는가 하면 둔감한 사람도 있다. 대인관계에서 생기는 갈등은 대개 둔감한 사람들이 많이 일으킨다. 마찬가지로 타 문화에 둔감한 사람이 다른 문화권 사람들의 심기를 불편하게 만드는 경우가 있다. 2002년 월드컵이 열릴 당시, 외국의 유명 연예인이 보신탕을 먹는 우리나라의 식문화를 미개한 관습이라고 신랄하게 비난하며 대한민국의 월드컵 개최를 보이콧하자고 주장한 적이 있다.

우리나라 사람들 중에도 보신탕을 먹는 식습관에 반감을 가진 사람들이 있다. 하지만 외국인이 우리나라 관습을 미개하다고 비난하는 것은 의미가 조금 다르다. 그 나라만의 고유한 문화를 이해하지 못한 채 비난해서, 그 나라 사람들의 자존심을 건드리고 심기를 상하게 하는 것은 '이문화 민감도'가 낮은 사람들이 범하는 실수다.

최근에 일본 정치인들이 우리나라를 비롯해서 일본의 식민 지배를 받았던 나라의 국민들 마음속 상처를 도지게 만드는 도발적 행동들을 되풀이하고 있다. 이런 작태를 보면 일본의 세계화 수준이 얼마나 낮은지 단적으로 알 수 있다. 특히 리더 자리에 있는 사람들이 이러한 행동을 하게 되면 회사나 국가 차원에서 큰 문제를 일으킬 수도 있다.

우리나라 기업들도 아직까지 문화적 감수성이 높지는 않다. 예를 들어 동남아에서 현지인을 고용할 때 그들의 자존심을 상하게 만드는 언행으로 문제가 생기는 경우가 비일비재하다. 그러므로 우리나라의 국제화 인력도 문화적 감수성을 갖춘 후에 외국인들을 관리해야 시너지를 낼 수 있다.

우리나라 대기업에 고용된 외국인들과 이야기를 나누어보면 그들 눈에 비친 한국 경영자들은 빨리빨리 하라고 종용하고, 퇴근 시간 직전에 일을 주는가 하면, 주말이나 휴일에도 일하기를 기대하고, 때론 비인간적인 언행도 일삼는다. 글로벌 역량과 배려가 많이 부족한 리더의 모습이다. 물론 현지 직원들에게 모범이 되며 존경을 받는 경우도 많다. 그러나 문화적 감수성이 낮은 몇몇 경영자들이 잘못된 행동을 하는 바람에 '한국 리더와 한국 기업은 문화적 민감성이 떨어진다'라는 고정관념이 생기고 있음에 유의해야 한다.

이문화 적응력

로마에서는 로마법을 따라야겠지만 실제로 이를 실천하기는 쉽지 않다. 외국에 나가서 현지인들처럼 생활한다는 것은 의식주부터 사고방식과 가치관까지 그 나라 사람들과 똑같이 생각하고 행동한다는 뜻이기도 하다. 겉으로 드러나는 생활방식이야 모방할 수 있겠지만 가치관을 받아들이기는 쉽지 않다. 그러나 이문화 적응력의 차원에서 보면 이는 나의 가치관과 다른 현지인의 가치관을 내 것으로 받아들이라는 뜻이 아니라, 적어도 그들의 가치관이 나의 가치관과 다를 수 있다는 점을 인정하고 존중할 수 있는 열린 마음을 갖자는 것이다.

이문화 적응을 위한 기본은 언어 습득이다. 언어를 모르면 일상적인 대화가 어려워 많은 문제가 발생한다. 영어권이 아닌 나라에 파견되는 한국 사람들 중 현지어를 할 줄 아는 경우는 드물다. 그래서 직원들과의 대화도 대부분 영어로 하고, 현지에서 직원을 선발할 때도 영어가 가능한 사람을 우선으로 선발한다. 그런데 한국인들과 같이 일하는 현지인들 중에는 한국에서 온 파견자들의 영어 실력이 부족해서 커뮤니케이션에 많은 어려움을 겪는다고 이야기하는 사람들이 종종 있다.

영어 못지않게 현지어를 익히고 활용하는 능력도 중요하다. 업무와 관련한 의사소통은 영어로 웬만큼은 할 수 있겠지만, 그들과 가까워지고 그들의 문화와 융합하기 위해서는 현지 언어를 배우는 것이 상당히 효과적이기 때문이다. 비록 현지어가 서툴더라도 배우려고 노력하는 모습 자체가 긍정적이고 우호적으로 보인다. 먼저 다가가야 그들도 우리에게 다가오는 것이다.

반대 입장에서 보면, 우리나라에 진출한 외국의 다국적 기업 경영진들 중 한국어를 배우려고 노력하는 사람 역시 아주 드물다. 한국 직원들이 영어를 잘하기 때문에 업무상 소통에 문제가 거의 없고, 또 필요하면 통역을 거치면 되기 때문에 한국어를 배워야 할 절실함을 느끼지 않는다. 그들 역시 이문화 적응력을 높이려는 노력에는 큰 관심이 없다는 의미다.

외국 생활을 하다 보면 현지 생활에 적응하는 것이 어렵고 스트레스를 많이 받게 된다. 그래서 점점 한국 사람들끼리 몰려다니며 한국 말을 쓰고, 한국 음식을 먹고, 한국식으로 생활하는 경향이 짙어진다. 이러한 현상을 '문화 게토(cultural ghetto)'라고 한다. 우리나라 산업 중 규모는 크지만 다른 산업에 비해서 국제화가 많이 뒤처진 분야가 금융 분야다. 우리나라에 들어와서 활동하는 외국 금융회사가 많은 것과는 달리 우리나라 금융회사가 외국에 나가서 활동하는 경우는 드물다. 혹시 나간다고 하더라도 외국에 있는 한국 사람들을 대상으로 영업을 하는 것이 전부다. 미주에 진출한 한국 은행들은 본국인들이 아니라 한인 사회에서 교포들을 대상으로 영업을 한다. 미주 기업 환경에 적응하지 못한 결과 규모가 작은 한인 사회 시장을 넘어서지 못한 것이다. 즉, 문화 게토를 극복하지 못한 셈이다.

이문화 시너지

'시너지'는 많은 조직에서 동경하는 개념이다. 그러나 실천은 어렵다. 두 개의 문화를 한데 모아놓는다고 해서 저절로 시너지가 생기지는 않는다. 시너지는 만들어지는 것이며, 이를 만들기 위해서는 상대방 문화에 대한 깊은 이해가 있어야 한다. 그리고 두 문화를 원활하고 효과적으로 소통할 줄 아는 능력과 창의적인 사고를 갖춘 사람들이 모여야 한다.

실제 이문화 시너지를 만들어낸 사례는 흔치 않다. 그래서 르노와 닛산의 시너지는 좋은 본보기가 된다. 한때 닛산이 거의 파산 상태에 이른 적이 있다. 그때 닛산 지분의 44퍼센트를 갖고 있던 프랑스 자동차회사 르노에서 카를로스 곤(Carlos Ghosn)이 닛산의 새로운 CEO로 부임해왔다. 당시 일본 대기업에 외국인 최고경영자가 오는 경우는 매우 드문 일이었다.

그는 일본 재계에서 가장 영향력 있는 인물 1위로 꼽히며 닛산을 성공적으로 부활시켰다. 하지만 지난 20여 년 간 닛산의 변혁 및 성장을 주도한 곤 회장의 업적은, 2018년 11월 분식회계 혐의로 일본 검찰에 전격적으로 체포되면서 극적인 반전을 맞는다. 하루아침에 그의 평판은 빈사 상태의 일본 기업을 부활시켰던 영웅적인 외국인 경영자에서 범법자로 전락하고 만 것이다. 곤 회장은 강력하게 반발하면서 모든 것이 음모라고 주장을 했지만, 닛산은 그를 퇴출시켰다. 그러나 일본 내 분위기와는 달리 프랑스 정부 및 닛산의 프랑스측 파트너인 르놀트는 그의 혐의가 재판을 통해 입증되기 전까지는 무죄로 추정한다는 원칙을 고수하며 중립적인 태도를 취했다.

곤 회장은 현재 보석 신청이 받아들여져 구금 상태에서 풀려나 내년에 그의 혐의에 대한 재판을 기다리고 있다. 곤 회장의 평가에 대한 논란은 내년 재판이 다 끝나고 난 후에야 정리가 될 것으로 보인다. 다만 그가 당시의 닛산을 부활시킨 원동력에 대해서는 그 누구도 부인할 수 없다. 곤 회장 말에 의하면 닛산을 부활시킨 힘의 원동력은 바로 이문화 시너지였다고 한다. 닛산이 어떻게 시너지를 창출할 수 있었는지 곤의 이야기를 들어보자.

첫째, 상호보완적 관계의 중요성이다. 닛산은 당시 몰락중인 기업이긴 했지만 르노에는 없는 장점들이 있었다. 바로 기술과 제조에 강한 조직문화였다. 반면 커뮤니케이션, 재무, 감성적 마케팅 등 일반 경영 능력은 약했다. 그런데 이런 능력은 르노의 장점이었다. 닛산의 장점과 약점은 크게 보면 일본 기업문화의 장점 및 단점이기도 했다. 닛산의 장점은 살리면서 약점은 르노가 가진 장점으로 보완할 수 있었기에 시너지 창출이 가능했던 것이다.

둘째, 배움에 대한 목마름이다. 물론 르노가 닛산을 위기에서 구하는 입장이었지만, 르노는 닛산으로부터 배울 점이 많았고 배우고자 하는 의욕 또한 강했다. 르노가 닛산에게 배운 것 중 가장 중요한 것은 '모노즈쿠리(ものづくり)'라는 개념이었다. 모노즈쿠리는 '만들어낸다'라는 단순한 개념이었지만, 곤이 살펴보니 이 개념 안에는 최소의 비용으로 최고의 품질을 만들기 위한 노력을 게을리하지 않는다는 그들만의 철학이 숨어 있었다. 이러한 생산 철학은 르노에는 없던 개념이었다. 르노에서 온 사람들이 이 개념을 배우는 과정에서 자연스럽게 시너지가 만들어질 수 있었다.

셋째, 최고경영자는 '상식'을 전제로 의사결정을 내려야 한다는 점이다. 보통 상식이라고 하면 대부분의 사람들이 받아들일 수 있는 것을 의미한다. 그러기 위해서는 모두가 공감할 수 있는 공동의 장이 먼저 마련되어야 한다. 비슷한 의미에서 닛산에서 통용된 상식이란, 프랑스와 일본의 두 문화 사이에 공감대가 이루어지는 사고방식을 말한다. 곤 회장이 내린 의사결정이 프랑스 사람들에게는 납득이 되지만, 일본 사람들로서는 납득하기 어렵다면 상식이 부족한 의사결정이라고 할 수 있다. 다시 말해서 한쪽에는 이득이 되지만 다른 쪽에 손해가 되는 의사결정은 피하고, 시간이 오래 걸리더라도 양쪽이 다 이기는 쪽으로 의사결정을 해야 한다는 것이다. 단기적으로는 비효율적으로 보여 손해를 볼 수 있지만 장기적으로는 이로 인한 시너지 효과가 더 크기 때문이다.

마지막으로 곤 회장의 다문화적 배경이 큰 도움이 되었다. 곤 회장 자신도 몰랐던 사실인데, 일본 직원들은 곤 회장이 다문화적 배경을 가진 인물이었기 때문에 더 마음을 열고 자신들의 이야기를 경청하리라고 기대했다는 것이다. 곤 회장은 브라질 태생으로 레바논에서 일정 기간 살다가 프랑스로 이주해 공부한 다문화 배경을 가진 사람이었다. 그런 의미에서 일본 직원들 눈에 곤 회장은 전형적인 프랑스 CEO보다는 자신들의 문화를 잘 이해할 수 있는 사람으로 여겨졌던 것이다. 물론 곤 회장처럼 다문화적 배경을 바탕으로 시너지를 내기란 쉽지 않다. 글로벌 능력은 수업과 시험을 통해서 만들어지는 것이 아니기 때문이다. 특히 우리나라에서 흔히들 생각하듯 영어 공부를 많이 했다고 해서 글로벌 능력이 키워지는 것은 더더욱 아니다.

《세상은 넓고 할 일은 많다》라는 베스트셀러가 있다. 지금은 불운의 사업가가 된 대우그룹 김우중 회장의 에세이로, 당시 점차 글로벌화하는 시대에 이 책 제목은 상당히 시사하는 바가 컸다. 이 책 제목에 덧붙여 하나 더 알아두어야 할 중요한 것이 있다. '세상은 단순히 넓기만 한 것'이 아니라 그 안에는 '문화적 다양성이 존재한다'는 사실이다. 넓은 세상에서 할 일은 많다. 하지만 그 일들을 제대로 하기 위해서는 문화 다양성에 대한 깊은 이해가 있어야 한다.

이문화 경영력의 결핍은 월마트처럼 막강한 기업이 우리나라에 진출했다 실패하게 만든다. 위의 〈경호〉의 예나, 외국에 진출한 우리나라 기업들 중에 상당수가 실패를 했거나 고전하고 있는 현실도 모두 같은 맥락에서 이해할 수 있다. 문화 차이는 양날의 칼과 같다. 잘 다루는 사람에게는 시너지라는 선물을 선사하지만, 서툴고 함부로 다루는 사람에게는 실패를 안겨준다. 진정한 글로벌 리더란 문화 차이라는 칼을 능숙하게 다룰 수 있는 능력을 갖춘 사람이다.

리더의 이문화 적응력이 기업의 해외 진출에 얼마나 큰 역할을 미치는지는 LG전자의 터키 법인 사례를 보면 잘 알 수 있다. LG전자 김창후 고문은 2007년 터키 법인장으로 발령받은 후, 터키 문화에 빨리 적응하기 위해 거의 전례가 없는 파격적인 선택을 했다. 부임 후 처음 한 달간은 5성급 호텔에서 지냈지만 이후엔 일반 가정에서 하숙하기로 한 것이다. 외국인으로, 중년의 나이에 게다가 세계적 기업의 법인장이 하숙 생활을 한다는 것은 놀라운 일이었다. 그는 많은 불편을 기꺼이 감수하고 회사에서 20분 정도 떨어진 마을의 한 중산층 가정에 들어갔다.

본국에 있을 때보다 훨씬 더 바쁜 일정 중에도 김 법인장은 터키인의 삶 속으로 들어가기 위한 노력을 게을리하지 않았다. 3대가 같이 사는 하숙집 주인 가족과 거의 매일 저녁식사를 하면서 이야기를 나누고, 주말에는 주인집 아저씨와 함께 조깅도 하고, 근처 국립공원에서 밤늦게 현지의 독주를 곁들인 바비큐 파티도 하면서 식구들과 우의를 다져갔다. 우리나라처럼 정이 많은 주인집 식구들은 김 법인장을 가족처럼 대해줬다. 처음에는 나이 많은 외국인이 하숙 생활을 하는 것을 기행으로 보던 동네 사람들의 태도도 시간이 지나면서 달라졌다. 그를 한국인 아저씨라는 뜻의 '코레리 암자'로 부르며 친밀감을 표시했다.

터키인들의 삶에 깊이 파고든 후, 그는 책에서는 배울 수 없는 현지인들에 대한 깊은 이해를 갖게 되었고 이를 바탕으로 현지 경영에 큰 자신감을 갖게 되었다. 주부들이 가전제품을 사용하는 것을 가깝게 지켜보면서 그들이 어떻게 사용하며, 불편해하는 점들은 무엇인지 발견하게 되었다. 그가 습득한 터키 소비자들의 행동에 대한 이해는 바로 회사 제품을 개선하는 것에 적용되었다. 냉장고 내부를 터키 가정 주부들이 더 효율적으로 사용할 수 있도록 변경했고, 대형 텔레비전에 대한 애프터서비스가 부족하다는 점에 착안해서 사후 서비스를 대폭 강화시켰다. 이러한 그의 현지 적응 노력에 터키 소비자들은 바로 반응을 보였고, 법인의 실적도 눈에 띄게 오르기 시작했다.

이러한 노력은 나비효과를 불러일으켰다. 현채인들은 김 법인장이 다른 해외 파견자들과는 달리 자신들의 삶 속으로 들어오려고 노력하는 것을 보고 공감을 표시하며 동조했다. 외부의 대형 거래선 사장들도 김 법인장의 각별한 현지 적응 노력에 찬사를 보내면서 자신들의 매장에서 LG제품이 더 잘 팔리도록 배려했다. 그의 이야기가 퍼져나가면서 현지 언론에서도 관심을 갖게 되었다. 그의 하숙집 사진과 이야기가 현지 신문을 통해 소개되면서 생각지 못한 홍보 효과도 보게 되었다. 그러자 이번에는 터키 현지 언론에 실린 그의 소식이 한국에 역유입되어 국내 언론에 소개되어 국내 시장에 LG전자를 홍보하는 효과도 얻게 되었다. 이처럼 이문화의 차이는 시너지의 원천이다. 글로벌 시대에는 다양성을 제대로 활용할 줄 아는 능력이 무엇보다 중요하다.

그런데 많은 사람들은 문화 차이를 시너지의 원천으로 보는 대신 두려움의 대상으로 여긴다. 우리나라와 다른 나라의 문화 차이에 무지하거나, 안다고 하더라도 차이를 무시하고 우리 식을 강요하기도 한다. 하지만 문화는 모두 동등하다. 나름대로 생겨난 이유가 다 있다.

이문화 시너지를 만들어내기 위해서 해외 파견자는 문화 게토를 피하고 현지 문화에 녹아 들어가도록 노력해야 한다. 현지 언어도 배우고, '현채인(현지채용인)'들과 같이 식사하고, 그들의 생활 습관을 배우고자 하는 마음을 가져야 한다. 그런데 보통 사람들은 그런 마음을 갖는 게 쉽지 않다. 따라서 회사에서 해외 파견자를 선발할 때부터 기준의 우선순위를 점검하고 바꿀 필요가 있다. 외국어 실력이나 경영 능력만 볼 것이 아니라, 현지에 가서 적응할 수 있는 능력을 우선적으로 검토하고, 이문화 적응력이 뛰어난 사람들 중 경영 능력 및 언어 능력을 갖춘 사람을 보내야 한다.

우리나라에도 점점 글로벌 능력을 갖춘 사람들이 늘어나고 있지만 다문화 국가인 캐나다나 미국에 비해서는 턱없이 부족한 편이다. 미국은 세계은행 총재에 한국계 인재를 임용하고, 주한미국 대사에는 아예 한국계 미국인을 보낼 정도로 다양한 인재들을 갖추고 있다. 게다가 자국의 문화적 다양성을 국익을 위해서 적극적으로 활용할 줄 아는 문화적 풍토도 갖추었다. 다국적 기업들도 마찬가지다. 우리나라는 어떠한가? 정부도 기업도 리더급에는 진정한 글로벌 역량을 갖춘 사람들이 드물다. 국제 업무를 담당하는 실무진들도 글로벌 역량보다는 국내의 인맥을 통해 결정된 사람들이 맡고 있는 것이 일반적이다.

최근에는 우리나라 안에서도 외국인과 함께 일하는 기회가 점점 더 늘어나고 있다. 이 기회들은 지금까지 우리가 경험하지 못했던 새로운 시너지를 안겨줄 것이다. 미래의 승자는 이 새로운 기회를 누가 선점하느냐에 달렸다고 해도 과언이 아니다. 외국어를 배우는 것도, 유학을 다녀오는 것도, 해외 파견자가 되는 것도 글로벌 리더십을 확보하는 데 도움이 될 것이다. 하지만 그보다 중요한 것은 글로벌 인재로서 바른 태도를 갖는 일이다. 문화 차이를 두려워하지 말고 이해하려 노력하며, 이문화를 효과적으로 경영할 줄 아는 능력을 경험과 학습을 통해 익혀야 할 것이다.

8장
시너지의 힘은 얼마나 클까

앨범 〈위 아더 월드〉는 어떻게 탄생했을까?
1985년 1월 22일, 45명의 위대한 뮤지션들이 한자리에 모였다.
가뭄과 가난으로 고통 받는 아프리카인들을 돕기 위해서였다.
이 앨범 작업은 놀라운 시너지를 만들어냈다.
퀸시 존스는 다양성을 효과적으로 관리하는 법을 알고 있었기에
이러한 기적을 만들어낼 수 있었다.

시너지의 힘은 기적을 만들 수 있다

아프리카에 극심한 기근이 찾아온 적이 있었다. 1980년대 에티오피아 등지에서 식량 부족에 각종 전염병까지 빠르게 퍼지다 보니 40만 명에 가까운 사람들이 죽어나갔다. 이 엄청난 비극을 보고 놀란 세계는 아프리카를 도울 수 있는 방법들을 찾기 시작했다.

그중에 영국 가수인 밥 겔도프로부터 시작한 아이디어가 특히 돋보였다. 밥 겔도프는 〈그들은 지금이 성탄절인지 알고 있을까Do They Know It's Christmas〉라는 노래를 만들어 아프리카의 참상을 전세계에 알리기 시작했다. 또 이 앨범을 팔아서 구호기금을 만들기로 했다. 밥 겔도프의 앨범은 세상에 나오자마자 대중들로부터 열띤 호응을 얻었다.

이 열기는 대서양을 넘어 미국으로 건너갔다. 겔도프가 시작한 아프리카 구호 운동은 미국 가수들의 마음도 움직였다. 자메이카 출신의 존경받는 원로 가수 해리 벨라폰테가 비슷한 구호 운동을 하자고 제안했다. 그리고 이 제안에 적극적으로 동조한 마이클 잭슨, 퀸시 존스를 비롯한 몇몇 흑인 가수들이 주축이 되어 '아프리카를 위한 미국(USA for Africa)'이라는 특별 프로젝트를 기획했다. 뜻을 같이하는 가수들이 모

사람 관계 수업

여서 함께 노래를 부르고 음반을 만들어 팔아 그 수익금으로 아프리카를 돕자는 취지였다.

이들이 같이 부를 노래는 마이클 잭슨과 라이오넬 리치가 공동 작업으로 만들었다. 그렇게 탄생한 곡이 지금은 널리 알려진 〈위 아 더 월드We Are The World〉다. 많은 가수가 이 프로젝트에 참여를 원했다. 참여를 신청한 가수가 백 명이 넘었는데 그중에서 절반 정도만 선발되어 총 45명의 유명 가수들이 최종 멤버로서 이 프로젝트에 참여하게 되었다.

최종 선발된 가수들의 면면을 보면 명실공히 슈퍼스타들이었다. 솔(soul) 뮤직의 창시자 레이 찰스, 대표적인 미국 록 가수 브루스 스프링스틴, 반전운동으로 유명한 밥 딜런, 요즘 유명한 레이디 가가의 전신이라고 할 수 있는 신디 로퍼, 컨트리 뮤직의 케니 로저스와 윌리 넬슨, 그 외에도 폴 사이먼, 스티비 원더, 다이애나 로스 등이었다. 45명의 슈퍼스타가 한자리에 모여 노래를 불러 앨범을 만든다는 것은 미국의 대중가요 역사상 전무후무한 일이었다.

앨범 〈위 아 더 월드〉를 통해 본 시너지의 힘

'위 아 더 월드 그룹'은 슈퍼스타 군단이라는 점 외에도 구성원들의 배경이 무척이나 다양해서 더욱 화제가 되었다. 이들이 추구하는 음악 장르가 다 달랐다. 이들은 각자 자신들이 활동하는 장르에서는 아이콘과 같은 존재들이었다. 반항적이고 폭발적인 록, 선율이 부드럽고 달콤한 이지 리스닝, 반전운동을 했던 밥 딜런의 흥얼거리는 듯한 창법, 구성지고 촉촉한 재즈까지 너무나도 다양한 장르의 가수들이 한자리에 모였다. 더욱이 성별, 나이, 인종, 출신 국가, 신체적 조건까지 다 달라 마치 전세계 사람들의 다양성을 압축해놓은 것 같았다.

문제는 일단 이들을 어떻게 한자리에 모이게 할 수 있을까 하는 점이었다. 각자 하나의 기업이라고 할 수 있을 정도로 바쁜 사람들을 한날한시 한 장소에 모이게 한다는 것 자체가 불가능해 보였다. 그러나 1년에 딱 한 번 가능한 때가 있었다. 바로 미국 대중음악 분야에서 오스카상 시상식이라고 할 수 있는 아메리칸 뮤직 어워드(AMA)가 있는 날이었다. 모두들 시상식에 참여하므로 그날 시상식이 다 끝난 후 밤에 모여서 다음 날 아침까지 밤새워서 같이 일을 하는 수밖에 없었다. 장소는 할리우드에 있는 에이앤드앰(A&M) 녹음 스튜디오로 정해졌다.

그날 밤 모임을 위한 모든 준비는 순조롭게 진행되었다. 드디어 1985년 1월 22일, 밤 9시가 넘은 느지막한 시간에 가수들이 하나둘씩 모여들기 시작했다. 아메리칸 뮤직 어워드 시상식이 끝나고 곧바로 오는 가수들이 대부분이었지만, 시상식에 참여하지 않았던 가수들 중에는 녹음을 위해 멀리서 비행기를 타고 일부러 온 경우도 있었다. 마이클 잭슨은 이날 시상식에 아예 참여하지 않고 미리 스튜디오에 와서 준비하고 있었다. 가수들이 모이면 악보를 나누어주고 노래를 새로 배우게 해야 하는데, 시간이 많지 않으니 가수들이 노래를 빨리 배우도록 돕기 위하여 미리 자신이 노래를 불러서 녹음을 해두기 위함이었다.

모두를 하나로 묶는 계기

이날 특기할 만한 것들이 여러 가지 있었다. 그중 하나가 들어오는
입구에 붙은 팻말이었다. 팻말에는 '당신의 이고(ego)는 입구에 맡겨놓
고 입장하세요'라고 쓰여 있었다. 모두 자발적으로 참여하는 모임이긴
하지만 저마다 워낙 개성이 강하고 자신이 최고라고 생각하는 아티스
트들인 데다 평상시 혼자 노래를 부르는 데 익숙하기 때문에 같이 모
여서 작업을 하다 보면 여기저기서 갈등이 터져나오지나 않을까 하는
집행진의 염려를 유머러스하게 표현해놓은 것이었다. 이 외에도 동질감
을 유발시키기 위한 아이디어가 하나 더 있었다. 하얀 행사 티셔츠를
만들어 입구에서 가수들이 들어올 때마다 한 벌씩 나누어주었다. 같
은 옷을 입고 있으면 동질감이 들 수 있겠다고 생각한 것이다. 케니 로
저스나 다이애나 로스 같은 몇몇 가수들은 스튜디오에 들어오면서부
터 아예 이 하얀 티셔츠로 바꾸어 입었다.

진행진의 우려와는 달리 스튜디오 안은 시작할 때부터 훈훈하고
따뜻한 분위기가 가득했다. 해리 벨라폰테는 나중에 이렇게 회상했다.
"그날 녹음장에 들어섰을 때 뭐라고 설명하기 힘들지만 각별히 따뜻한
동지애 같은 것이 가득 차 있음을 느낄 수 있었다." 평상시에는 서로
만날 기회도 없었던 가수들은 친한 친구를 만난 듯 서로 포옹하며 따
뜻하게 인사를 나누었다. 밤 10시 반경이 되었을 때 합창 연습을 시작

할 준비가 다 되었다. 모두가 약간은 들뜨고 신난 분위기였다.

연습을 시작하고 얼마 지나지 않아 밥 겔도프가 찾아왔다. 아프리카에서 바로 미국으로 날아오는 길이었다. 그는 노래로 아프리카를 돕는 활동을 처음 시작함으로써 이 모임에 영감을 준 장본인이기도 했다. 그는 몇 분간 자신이 에티오피아에서 보고 온 참상에 대해서 이야기했다. 임시 처소에서 생활하고 있는 사람들은 마실 물과 먹을 음식이 극도로 부족한 상태라고 했다. 말라리아와 뇌막염, 장티푸스 같은 질병들로 사람들이 계속 죽어나간다고도 했다. 또 죽은 사람들과 산 사람들이 뒤섞인 상태에서 지내고 있다고 전했다. 그리고 자신이 방문한 동안에도 눈앞에서 기아와 질병으로 사람들이 죽어나가는 것을 그저 지켜볼 수밖에 없었다고 말했다. 어떤 캠프에서는 2만 7천 명이 밀가루 15포대에 의존해 연명하는 처참한 생활을 하고 있다고도 했다.

막연히 아프리카를 돕는다는 생각으로 모인 가수들은 현지의 상황이 얼마나 참혹한지 겔도프의 이야기를 통해 알게 되었다. 덕분에 이날 밤 자신들이 해야 하는 일이 얼마나 중요하고 의미 있는 일인지 새삼 깨닫게 되었다. 그러면서 가수들은 스스로 이날 밤에 계획된 것들이 순조롭게 진행되도록 최선을 다하겠다는 다짐을 새롭게 할 수 있었다.

가수들이 모두 적극적으로 협조해준 덕에 연습과 녹음은 별다른 어려움 없이 순조롭게 진행되었다. 전체 곡은 합창 부분과 21명의 솔로들이 이어서 부르는 부분으로 구성되어 있었다. 우선 합창 부분부터 다함께 연습해 녹음을 마친 후에 솔로 파트를 녹음할 계획이었다.

이날 밤 노래 부르는 것 외에도 중요한 행사가 하나 더 계획되어 있었다. 바로 〈라이프〉지에서 이날 밤 모임을 취재하기로 한 것이었다. 합창이 끝나고 솔로 파트를 녹음하기 전 잠시 휴식 시간에 가수들은 삼삼오오 모여서 같이 사진을 찍기도 하고, 또 서로서로 찾아가서 다른 가수들의 사인을 받기도 했다. 서로가 서로에게 팬이라는 것을 확인하는 훈훈한 시간이기도 했다.

마지막 순간까지 시너지를 높이는 법

새벽 4시쯤, 모든 솔로들이 자신이 맡은 파트 연습도 마치고 이제 모여서 같이 음을 맞추어보면서 녹음에 들어가야 할 시간이었다. 의미 있는 일이긴 했지만 밤을 꼬박 새우면서 작업하는 것은 육체적으로 많이 피곤한 일이었다. 그때 외부에서 찾아온 손님들이 있었다. 스티비 원더가 특별히 에티오피아에서 데려온 사람들이었다. 그중 한 여인이 가수들 앞에 섰다. 그녀는 길게 얘기하지 않았다. 처음에는 에티오피아 말로 그리고 그다음에는 영어로 도와줘서 정말 고맙다는 말을 전했다. 그러고는 북받치는 감정을 누를 수 없었던지 가수들이 보는 앞에서 울음을 터뜨리고 말았다. 다른 사람의 부축을 받고 흐느끼면서 자리를 떠나는 에티오피아 여인의 뒷모습을 보고 눈물을 훔치는 가수들도 여럿 있었다.

이 순간은 모두들 다시 한 번 마음을 가다듬는 계기가 되었다. 아무리 좋은 취지로 모였어도 시간이 지나면 자신도 모르게 마음 자세가 흐트러질 수 있는 법이다. 특히 이날 모임처럼 밤을 새워서 일을 한다면 몸도 마음도 쉽게 지치게 되니 더욱 그럴 수 있었다. 바로 그럴 즈음에 에티오피아 여인이 찾아와서 진심을 전한 것은 어떤 연설보다 더 강력한 힘을 발휘했다. 이를 계기로 가수들은 다시 한 번 초심으로 돌아가서 집중력을 발휘해 남은 녹음을 성공적으로 끝내야겠다는 다짐을 했을 것이다.

모든 녹음은 아침 8시가 되어서 끝났다. 가수들은 잠을 한숨도 못 자고 밤을 꼬박 새워서 일을 했기에 육체적으로는 피곤했을 것이다. 하지만 서로 격려해주면서 포옹을 하고, 다정하게 인사를 나누며 뿌듯한 마음으로 하나둘씩 스튜디오를 떠났다. 녹음은 성공적으로 끝났다. 퀸시 존스가 추후에 음악의 깊이를 더하기 위해서 레이 찰스 등 몇몇 가수를 개별적으로 불러 추가 녹음을 했을 뿐이다.

훗날 〈라이프〉지에서 퀸시 존스를 인터뷰하면서 물었다. "어떻게 하룻밤 만에 그렇게 대단한 일을 이루어낼 수 있었는가?" 퀸시 존스는 이렇게 답했다. "나도 어떻게 해서 그렇게 할 수 있었는지 잘 모르겠다. 그저 기적적으로 모든 일들이 순조롭게 이루어졌다." 미국 대중가요계의 새로운 역사는 이렇게 하룻밤 사이에 쓰여진 것이다.

모두의 능력을 최대치로 끌어올리는 법

　기적이라는 표현을 썼듯이 이날 밤의 성공은 그 비결을 간단히 정리할 수 없다. 그럼에도 불구하고 과정을 잘 분석해보면 단순히 우연의 결과가 아님을 알 수 있다. 첫째, 목표 설정과 관련된 것이다. 추상적인 목표보다는 구체적이고 의미 있는 목표가 사람들에게 동기를 부여하고 일에 대한 집중도를 높인다. 가수들이 짧은 시간 안에 자발적으로 일을 같이 할 수 있었던 것은 모두가 의미 있는 목표를 공유했기 때문이다. 그런데 이 목표 또한 가수들에게 툭 하고 던져진 것이 아니었다.

　각자의 마음에 살아 있도록 만든 특별한 이벤트 두 가지(밥 겔도프가 증언한 기근의 참상과 에티오피아에서 온 여인의 감사 인사)가 있었다. 둘째, 원활한 협력을 이루기 위한 조치들이 있었다. 일단 하얀색 티셔츠를 유니폼으로 맞추어 가수들에게 입혀서 일체감을 높였다. 또 들어오는 입구에 유머러스한 표현을 섞어 개인적인 행동을 자제해달라는 구체적인 지침을 붙여두었다. 셋째, 가장 중요한 것은 준비 과정과 이날 밤 진행 과정에서 보여준 퀸시 존스의 리더십이다.

사람 관계 수업

시너지를 일으키는 리더의 덕목

전세계를 감동시킨 이 프로젝트의 성공에는 퀸시 존스의 리더십이 가장 중요한 역할을 했다. 그의 리더십은 시너지를 창출했다. 서로 다른 뛰어난 재능을 가진 아티스트 45명을 한데 모으고, 하룻밤 만에 신곡을 배우게 해 녹음을 끝낸다는 것은 쉬운 일이 아니다. 이때의 시너지란 45개의 재능을 합한 것이 아니라, 이 재능들이 유기적이고 화학적으로 융합해 그보다 더 큰 새로운 결과를 만들어내는 힘이다. 이것이 퀸시 존스가 해야 할 일의 핵심이었고, 그는 이 일을 누구보다도 훌륭하게 수행해냈다. 과연 그는 무엇을 어떻게 했을까?

첫째, 그룹 구성원의 다양성을 극대화시켰다. 모두 가수라는 공통점이 있었지만, 각자 다른 음악 장르를 가진 사람들이었다. 그리고 가수마다 자신만의 창법과 개성이 있었다. 얼핏 보기에는 서로 상극이라고 할 만한 장르들을 조화시키는 것이 가능할까 싶기도 했다. 더욱이 음악적 재능의 다양성 외에도 인종, 성별, 세대 같은 차이는 물론 2명의 맹인 가수가 가진 개인적인 차이까지 더해지면서 복잡성은 배가되었다. 그런데 반대로 이러한 다양성은 미국을 넘어 전세계 여러 나라에 자신들의 뜻을 전하고자 하는 프로젝트의 목적과 잘 맞아떨어졌다. 언어와 문화가 서로 다른 전세계 사람들로 하여금 수많은 차이의 벽을 넘어서게 만드는 일이 이 프로젝트의 목적이기도 했다. 어느 나라 출신이든, 살아가는 배경이 어떠하든 아프리카에서 일어나고 있는 비극에 모든 인류가 관심을 갖고 돕고 싶은 마음이 들도록 하겠다는 것이었다. 그랬기 때문에 참여한 가수들의 배경이 다양하면 다양할수록 더욱 상징적인 가치가 있었다.

둘째, 구성원을 다양하게 선발하기 위해서 개개인의 배경과 장점에 대해 면밀히 파악했다. 퀸시 존스는 각 가수의 창법과 목소리의 특성과 장점에 대해 남다른 이해를 하고 있었다. 그리고 각 개인의 특성이 전체 음악에 어떠한 도움을 줄 수 있는지에 대한 이해도 깊었다. 예를 들어 레이 찰스는 목소리와 창법이 아주 독특했다. 퀸시 존스는 레이 찰스의 개성이 전체 음악에 깊이를 더해줄 것이라는 사실을 알고 있었다. 밥 딜런은 반전운동과 사회적 약자들을 돕는 운동을 했던 경력으로 세계적인 명성을 얻은 음악가였다. 그런 그가 참여한다면 노래 내용뿐 아니라 프로젝트의 상징성에 도움이 된다는 것을 잘 알았다.

셋째, 각자의 개성을 십분 발휘할 수 있는 장을 만들어주었다. 후렴구 합창 부분은 따로 화음 없이 모두 한목소리로 부르면 되는 것이었지만, 곡 중간중간에는 21명의 솔로가 서로 이어서, 또는 겹쳐서 부르는 부분이 있었다. 퀸시 존스는 이 부분들을 각자의 창법과 목소리를 극대화해서 부르게 해 오히려 놀라운 조화를 이루게 했다. 예를 들어 폴 사이먼의 약간 가늘면서 이지적인 목소리는 케니 로저스의 허스키하면서 느긋한 목소리로 이어졌고, 케니 로저스의 목소리는 제임스 잉그램의 열정이 담긴 목소리로 이어졌다. 또 브루스 스프링스틴의 고함을 지르며 토해내는 듯한 창법은 스티비 원더의 감미로운 목소리와 절묘한 대조를 시키면서 조화를 이루도록 해 전체 노래 안에서 두 목소리의 매력을 극대화시키기도 했다.

다르지 않다면 시너지를 낼 수 없다

이 책을 읽고 난 후 한번 노래를 들어보라. 각 가수마다 얼마나 목소리가 다르고 독특한지 알게 될 것이다. 그리고 그렇게 서로 다른 목소리가 어떻게 그런 조화를 이루는지 놀라게 될 것이다. 이렇듯 리더는 구성원의 독특함과 장점을 하나의 하모니 안에서 마음껏 발휘하도록 해서 시너지를 창출하는 능력을 가져야 한다.

진정한 의미의 그룹, 조직 활동은 집단에 속한 개인들로 하여금 각자의 개성과 특성을 죽인 채 모든 사람이 비슷한 생각을 갖게 해서 한 방향으로 나가게 하는 것이 아니다. 오히려 그 반대로 각 개인이 가진 특성과 능력을 잘 파악해서 존중해주면서 각자 가진 능력을 최대한도로 발휘할 수 있는 분위기와 시스템을 만들어주는 것이다. 또한 서로 다른 특성들이 갈등을 일으키면서 모두에게 손해가 되는 방향으로 가는 것이 아니라, 나의 장점이 상대방의 장점을 더 빛내주는 방향으로 조화가 될 수 있도록 '매칭' 역할을 한다. 이는 〈위 아 더 월드〉 프로젝트의 성공 요인이기도 하다.

사람은 각자 다르게 태어났다. 이는 우리가 이 책을 통한 지적 여정을 떠나면서 가장 먼저 배운 명제기도 하다. 공장에서 생산되는 제품은 아무리 고가에 사더라도 똑같은 제품이 있다. 하지만 사람은 아니다. 70억 인구 중에 똑같은 사람은 아무도 없다. 당연히 사람됨의 특성도 모두 제각각이다. 가끔 우리는 갈등 없는 세상을 꿈꾼다. 살면서 받는 스트레스는 대부분 인간관계에서 발생하는 갈등 때문이다. 그런데 갈등은 궁극적으로 우리가 서로 다른 존재라는 점에서 비롯된 것이다. 그 다름에서 갈등이 생겨난다.

하지만 다름은 시너지 창출의 시발점이다. 만약에 사람이 공장에서 만든 로봇과 같다면 서로 스트레스를 주는 갈등도 없겠지만 동시에 시너지 창출도 없었을 것이다. 사실 갈등 자체는 나쁘기만 한 것이 아니다. 갈등을 통해서 우리는 서로 얼마나 다른지 깊이 알게 되고, 이러한 깊은 이해가 우리로 하여금 보다 성숙한 인간이 되게 한다. 만약 갈등이 없다면 우리는 서로에 대해 피상적으로 이해하면서 살고 있을 것이다. 겉으로는 별 문제가 없어 보이지만 마음과 마음이 하나가 될 수 있는 기회는 영영 경험할 수 없을 것이다.

우리는 지금까지 자신과 비슷한 사람들과 함께하는 것을 선호해왔다. 회사에서도 다양성을 추구해야 한다는 당위성은 인정하지만 실제로는 기존의 직원들과 배경이나 성향이 비슷한 사람들을 선발해왔다. 선발된 사람들도 연수나 상벌 시스템 등을 통해 시간이 지나면 지날수록 임직원들 사이의 다양성을 더 줄여가는 방향으로 인사제도를 운용해왔다. 이러한 관행의 저변에는 우리 마음속에 아직도 다양성을 기피하고 동질성을 선호하는 경향이 있기 때문이다. 우리가 다양성을 기피하는 이유는 다양성을 효과적으로 관리할 줄 아는 능력이 부족하기 때문이다.

아직도 많은 사람이 개인적 차이건 문화적 차이건 다름을 두려워한다. 사실 우리가 무서워하는 것은 다름 그 자체 때문이라기보다는 나와 다른 대상에 대해서 잘 모르기 때문이다. 우리는 우리가 잘 모르는 것을 두려워한다. 영화에 외계인이 늘 악한 존재로 묘사되는 것도 이러한 사람들의 심리를 대변한다고 볼 수 있다. 우리말 표현 중에 '다르다'와 '틀리다'라는 말은 비슷한 의미로 쓰인다. 다른 것은 틀린 것이라는 가정이 깔려 있다. 이처럼 다르다와 틀리다를 동일시하는 사람들에게 다름은 갈등의 요인으로 작용한다. 그들은 갈등을 피하기 위해 다름을 애써 무시하고 피상적인 평화를 유지하려는 노력을 기울이기도 한다. 하지만 이제는 다름을 건설적으로 보는 눈을 가질 때가 되었다.

2015년 유엔(UN)에서는 '고용: 자폐증의 장점(employment: the autism advantage)'이라는 흥미로운 주제의 모임이 열렸다. 자폐성 장애우들은 소통 및 대인 관계 능력이 일반 사람들과 현저하게 달라 사회생활에 큰 어려움을 겪는다. 그런데 아인슈타인, 찰스 다윈, 앤디 워홀 등 천재적인 능력으로 인류의 역사에 지대한 영향을 미친 사람들도 자폐증을 갖고 있었다는 점을 볼 때 오히려 일반인들보다 뛰어난 지적 예술적 능력을 갖고 있는 경우도 많다. 그러나 명문 대학을 우수한 성적으로 졸업하더라도 조직생활에 적응하지 못할 것이라는 이유로 취업에 큰 제약을 받고 있다. 이렇게 자폐성 장애우들이 부당한 차별을 받는 현실을 극복할 수 있는 방법을 모색하자는 취지에서 만들어진 모임이었다.

그 모임에 우수 사례로 독일에 본부를 둔 소프트웨어 제조업체

SAP가 선정되어 수석 부사장인 탄야 뤼커트(Tanja Rueckert)가 특별 연사로 오게 되었다. 그녀는 어떻게 회사가 자폐성 장애(ASD: autism spectrum disorder) 증상을 갖고 있는 직원들을 고용하고 훈련시켜 회사의 실적을 올리는 일에도 큰 공헌을 했는지에 대한 생생한 경험을 공유했다. '자폐성 장애는 회사의 큰 그림에 대단히 중요할 뿐 아니라, 회사의 창의력에도 큰 공헌을 한다'는 그녀의 주장은 당시 반기문 사무총장을 비롯해서 그 모임에 참석했던 많은 사람들에게 감동을 주고 깊은 공감을 받으면서 세계적인 관심을 끄는 계기가 되었다.

우리나라에도 장애우 처우에 대한 법률이 있어 회사에서 일정 수준으로 고용하지 않으면 벌금을 내게 되어 있다. 그러다 보니 장애우 고용은 기업의 사회적 책임(CSR: corporate social responsibility)으로 포장되어 마치 회사가 성과의 희생을 감수하면서 자선을 베푸는 듯한 인상을 준다. 장애우를 제대로 관리할 자신이 없는 기업들은 아예 고용을 포기하고 벌금을 내는 경우도 있다. 이는 윈-윈(win-win)의 시너지를 창출하는 것이 아니라 한쪽의 혜택이 다른 쪽에는 손해가 되는 제로섬 게임(zero-sum game)의 입장으로 다양성을 다루는 것으로, 법이라는 강제적인 조치가 없으면 금세 없어져버릴 것이다. 그러나 이러한 기업들의 행태를 비난하기에 앞서 우리들의 마음가짐을 살펴보면, 장애우를 대하는 태도에 있어서는 이들 회사와 크게 다르지 않으리라 생각된다. '나와 동등하나 능력의 종류가 다를 뿐'이라는 다양성의 관점이 아니라, 은연중에 우월한 사람의 입장에서 도움을 준다는 마음가짐을 갖고 있을

사람 관계 수업

것이다.

 SAP의 사례가 특별한 의미를 갖는 이유는 자선을 베푸는 식의 사회 봉사적 관점에서 벗어나 장애우를 고용하는 것이 다양성이 주는 시너지를 창출하며 회사의 실질적인 성과에 도움을 줄 수 있다는 것을 증명해냈기 때문이다. 자폐성 장애우 중에는 복잡한 현상 속에 숨어 있는 패턴을 파악하고, 패턴에서 벗어나는 예외적인 현상을 잡아내는 것에 뛰어난 능력을 보이며 완벽에 가까운 관찰력과 기억력을 갖춘 경우가 있다. 또한 보통 사람들보다 참을성이 많고 끝없이 반복되는 일도 싫증을 내지 않고 해내는 초인적인 일관성을 보이기도 한다. SAP의 경영진은 자폐성 장애우들의 그런 능력이 아주 미세한 오류를 찾아내야 하는 소프트웨어 개발과 운용에 있어 대단히 유용한 능력이 될 수 있다는 점을 파악하고 있었다.

 SAP는 능력을 갖춘 자폐성 장애우들 중에 회사생활을 할 수 있는 잠재력을 갖춘 인재들을 가려내어 고용한 후, 그들에게 소통 및 사회성을 증진시키는 교육을 실시했다. 그리고 그런 교육은 자폐성 장애우뿐 아니라 그들과 같이 일해야 할 일반 직원들 및 상사들을 대상으로도 실시했다. 회사는 두 그룹이 어떻게 서로 다른지 심도 깊게 이해시키고, 그 이해를 바탕으로 갈등을 줄이며 협력을 도모할 수 있는 호의적인 근무 환경을 조성하는 데 주력했다. 특히 자폐성 장애우들이 자신들의 능력을 최대한으로 발휘할 수 있는 분위기를 만드는 일에 여러 해에 걸쳐 각별한 노력을 기울였다. 그러자 하나둘씩 가시적이면서 실질적인 성과들이 나타나기 시작했다. 프로그램 개발을 하는 과정에서 수백만 불의 비용을 절약할 수 있는 혁신적인 방법도 자폐성 장애우에게서 나왔다.

경영진은 시간이 지나면서 기대 이상의 효과가 나타는 것을 경험했다. 자폐성 장애우들이 문제를 분석하고 해결하는 방법이 보통사람들과 달라, 일반 직원들은 자신들이 몰랐던 새로운 사고 및 분석 방식을 배우게 되고, 그 결과 창의력도 증진되었다. 리더들은 일반 직원들과 일할 때는 몰랐던 새로운 리더십의 관점 및 행동을 배우는 학습 효과도 얻게 되었다. 그들은 자폐성 장애우들 덕분에 자신들의 리더십이 한 차원 높아진 것을 고맙게 생각했다.

회사가 얻는 혜택은 거기서 그치지 않았다. 자폐성 장애우들을 위한 특별 프로그램을 성공적으로 운영하는 것이 널리 알려지면서, UN에 초청된 것뿐 아니라 회사에 대한 홍보 효과도 톡톡히 누렸다. 그런 홍보 효과가 회사의 매출을 올리는 것에 기여한 것은 물론, 인재를 채용하는 데에도 큰 도움이 됐다. 세속적인 성공뿐 아니라 의미 있는 일도 하고 싶어 하는 욕구가 강한 능력 있는 신세대들이 SAP를 자신들의 이상적인 직장으로 생각한 것이다. SAP는 자폐성 장애우들의 채용이라는 다양성 경영을 통해 하나 더하기 하나가 둘 이상이 되는 시너지 효과를 전 세계에 증명한 것이다.

다름은 시너지를 만들기 위한 전제 조건이다. 그렇다면 우리가 각각 다르게 태어난 것은 우리의 다양성을 통해 시너지를 만들어내기 위함이 아닐까? 이 세상에 다양한 문화가 존재하는 것도 다양성을 통해 글로벌 시너지를 만들어내기 위함이 아닐까? 사람을 다루는 일의 궁극적인 목적은 각자의 개성을 죽임으로써 서로 비슷한 사람들을 만들어내는 것이 아니라, 다양성을 조화롭게 융합시켜 시너지를 만들어내는 일이다.

이제 우리 안에 존재하는 다양성을 긍정적인 것으로 보자. 성격, 성별, 세대, 학벌, 종교, 정치적 이념, 가치관, 문화 등 이미 우리 안에도 많은 다양성이 존재한다. 21세기는 다양성의 시대다. 우리 안의 다양성에 눈을 뜨고, 각 개인의 독특함을 존중해주며, 자신이 가진 장점들을 각자 더욱 발전시키도록 도와주어야 할 것이다. 이렇게 발휘된 개개인의 다양한 장점들을 창의적으로 합쳐서 이전에 없던 새로운 시너지를 만들어내는 것이 사람 경영과 관계의 핵심이다.

참고문헌

1장 당신이 행복할 수 없는 이유

Aronson, Elliot. (1992). *The Social Animal* (6th ed.), Freeman

Basch, J., Fisher, C. D. (2000). *Affective events-motions matrix: A classification of work events and associated emotions*, In Ashkanasy, N. M., Hartel, C. E., Zerbe, W. J.(Eds.) *Emotions in the workplace: Research, theory, and practice*, Quorum Books/ Greenwood Publishing Group, Westport, CT: pp 36-48

Goleman, D., (1998). *Working with Emotional Intelligence*, New York: Bantum Press

Goodwin, V. L., Wofford, J. C. and Whittington, J. L. (November, 2001) "A Theoretical and Empirical Extension to the Transformational Leadership Construct," *Journal of Organizational Behavior*, 22, pp. 759-774

Kiefer, T. (2005). "Feeling bad: antecedents and consequences of negative emotions in ongoing change," *Journal of Organizational Behavior*, 26: pp. 875-897

Kuppens, P., Van Mechelen, I., Smits, D. J. M., De Boeck, P. (2003). "The appraisal basis of anger: Specificity, necessity and sufficiency of components," *Emotions*, 3: pp. 254-269

Lowenstein, G. (May 2000). "Emotions in Economic Theory and Economic Behavior," *American Economic Review*, 90, no. 2: pp 426-432

McShane and Steen. (2009) *Canadian Organizational Behaviour* (7th ed.): McGraw-Hill Ryerson

O'Shaughnessy, J. and O'Shaughnessy, N. J. (2003). *The Marketing Power of Emotion*,

New York, Oxford University

Schweitzer, Albert. (2007). *Out of My Life and Thought*, A Mentor Book

Slocum & Hellriegel. (2011). *Principles of Organizational Behavior* (13th ed.): South-Western

Thiel, C. E., Connelly, S. & Griffith, J. A. (2012). "Leadership and emotion management for complex tasks: Different emotions, different strategies." *The Leadership Quarterly*, Vol. 23, no. 3: pp 517-533

Zaleznik, A. (1977). "Managers and Leaders: Are They Different?" *Harvard Business Review*, 55, no. 5: pp 67-78

Minnesota Center For Twin & Family Research: https://mctfr.psych.umn.edu/research/UM%20research.html

New York Times. (May 19, 2011). "A Former Basketball Prodigy, Bereft of All but his Memories"

2장 보고 싶은 것만 보지 마라

Bolino, M. C. and Tunley, W. H. (2003). "More Than One Way to Make an Impression: Exploring Profiles of Impression Management," *Journal of Management*, 29: pp. 141-160

Breuer, K., Nieken, P., Sliwaka, D. (2013). "Social ties and subjective performance evaluations: an empirical investigation," *Rev Manag Sci* 7: pp. 141-157

Halperin, E., Canetti, D. (2012). "In Love With Hatred: Rethinking the Role Hatred Plays in Shaping Political Behavior," *Journal of Applied Social Psychology*, 42, 9: pp. 2231-2256

Mandela, Nelson. (1995). *Long Walk to Freedom*: Back Bay Books

Michelson, G., van Iterson, A., Waddington, K. (2010). "Gossip in Organizations: Contexts, Consequences, and Controversies," *Group & Organization Management*, 35(4): pp. 371-390

Ogasawara, Y. (1988). *Office Ladies and Salaried Men: Power, Gender, and Work in Japanese Companies*, University of California Press, Berkeley, CA.

O'Neil, J. (June, 2003). "An Investigation of the Sources of Influence of Corporate Public Relations Practitioners," *Public Relations Review*, 29: pp. 159-169

Strutton, D. and Pelton, L. E. (1998). "Effects of Ingratiation on Lateral Relationship Quality within Sales Team Settings," *Journal of Business Research*, 43: pp. 1-12

Vonk, R. (2002). "Self-Serving Interpretations of Flattery: Why Ingratiation Works," *Journal of Personality and Social Psychology*, 82: pp. 515-526

Time Magazine. (March 9, 1981). "Mary Cunningham Redux"

3장 원하는 것을 이루는 힘은 어떻게 만드나

Coonradt, Charles A. (1996). *The Whale Story, Chicken Soup for the Soul at Work, HCI.* pp 65-67

Edwin, E. C. (1983). "Using an American Perspective in Understanding Another Culture: Toward a Hierarcy of Needs for the People's Republic of China," *The Journal Applied Behavioral Science*, vol. 19, issue 3: pp. 249-264

Holmes, T. H. and Rahe, R. H. (1967). 'The social readjustment rating scale', *Journal of*

Psychosomatic Research, 11: p. 213

Latham, G. P. (2003). "Goal setting: A five-step approach to behavior change," *Organizational Dynamics*, 32(3): pp. 309-318

Maslow, A. H. (1970). *Motivation and Personality*, New York: Harper & Row

Sankey, D. (May 8, 2004). "Firms must harness power of recognition," *The Gazette*, B7

Spurgeon, A., Jackson, C. A., and Beach J. R. (2001). 'The Life Events Inventory: re-scaling based on an occupational sample', *Occupa. Med.* Vol. 51, No. 4: pp. 287-293 *Fortune*, (October 7, 1991). Who Bestas Stress Best-and How in a faster-spinning world, managers are finding new ways to ease stress in workers and themselves···.

⟨조선일보⟩, 2012. 7. 10.

⟨중앙일보⟩, 2013. 9. 22.

⟨중앙일보⟩, 2012. 4. 9.

⟨중앙일보⟩, 2013. 11. 12.

⟨한국경제⟩, 2010. 11. 3.

⟨한겨레신문⟩, 2003. 6. 12.

영화 ⟨맨 오브 아너 Men of Honor⟩

4장 갈등은 어떻게 극복할 수 있을까

Kovach, Carol. Original model based on Kovach's paper, (1976). "Some notes for Observing Group Process in Small Taks-Oriented Groups," *Graduate School of Management*, University of California, Los Angeles

Tuckman, B. W. and Jensen, M. A. C. (1977). "Stages of small-group development revisited"

Group and Organization Studies: pp. 419-422, Tuckman, B. W. (1965). "Developmental

sequence in small groups" *Psychological Bulletin,* 63: pp. 384-389

5장 의사결정을 하는 방법부터 배워라

Aronson, Elliot. (1992). *The Social Animal* (6th edition), Freeman, pp. 17-19

Janis, I. L. (November, 1971). "Groupthink," Psychology Today, pp. 43-46

Kim, J. Y. & Nam, S. H. (1998). "The Concept and Dynamics of Face: Implicatoins for

Organizational Behavior in Asia," *Organization Science,* 9(4): pp. 522-534

Mahring, M. & Keil, M. (May, 2008). "Information Technology Project Escalation: A process

Model," *Decision Sciences,* 39(2): pp. 239-272

Moser, K. & Kraft, A. (2008). "Escalating commitment toward colleagues: a frame model,"

Gruppendynamik und Organisationsberatung, Vol. 39: pp. 107-126

Nam. S. H. & Han, Y. W. (January, 2005). "'Lead and Support' versus 'Control and Command':

A Case Study of Culture Clash in a Canadian-Korean Merger," *Acta Koreana,* 8(1): pp. 37-48

Staw, B. M. (1981). "The escalation of commitment to a course of action," *Academy of

Management Review,* 6(4), pp. 577-587

Tang, M.-J. (Summer, 1988). "An Economic Perspective on Escalating Commitment,"

Strategic Management Journal, Vol. 9, Special Issue: Strategy Content Research: pp. 79-92

Tversky, A., & Kahneman, D. (1974). "Judgment under uncertainty: Heuristics and biases,"

Science, 185, pp. 1124-1131

Whyte, G. (1986). "Escalating commitment to a course of action: A reinterpretation,"
Academy of Management Review, 11(2), pp. 311-321

6장 어떻게 여러 사람을 설득할 수 있을까

Fine, G. (1999). *Plato,* Oxford University Press

Meindl, J. R., Ehrlich, S. B. & Dukerich, J. M. (1985). "The Romance of Leadership,"
Administrative Science Quarterly, 30(1): pp. 78-102

7장 다른 문화와 화합하는 방법은 따로 있다

Cain, Jeffrey. (Feb 2, 2015). "Freewheeling, prosperous Korea is remarkably tough place for Western companies," *GlobalPost*

Hofstede, G. & Minkov, M. (2011). "The evolution of Hofstede's doctrine," *Cross Cultural Management,* 18(1): pp. 10-20

Stahl, G. & Brannen, M. Y. (2013). "Building Cross-Cultural Leadership Competence: An Interview With Carlos Ghosn," *Academy of Management Learning & Education,* 12(3): pp. 494-502

Steers, R. M. et al. (2013). *Management Across Cultures: Developing Global Competencies* (2nd ed.): Cambridge University Press

Trompenaars, A. (1994). *Riding the waves of culture: understanding diversity in global business,* Irwin Professional Pub

Woo, Jaeyeon. (Jan 4, 2013). "Did 'Cranky Consumers' Force Yahoo Out of Korea?" *The*

사람 관계 수업

Wall Street Journal

〈연합뉴스〉, 2014. 1. 19.

〈한국일보〉, 2005. 3. 8.

〈SBS〉 뉴스, 2007. 8. 31.

8장 시너지의 힘은 얼마나 클까

Distefano, J. J. & Maznevski, M. L. (2000). "Creating Vlaue with Diverse Teams in Global

Management," *Organizational Dynamics*, 29(1): pp. 45-63

Pisano, G.P. & Austin, R.D. (Jan 19, 2016). SAP SE: Autism at Work, Harvard Business School

VR Ferose. (Oct 23, 2012). "How Autistics Triumped at SAP Labs," *Frobes India*